Do projecto ao edifício, do habitat ao espaço envolvente,
do campo à cidade, do funcional à vanguarda, do pitoresco ao estético,
da utopia à realidade – o campo de análise é imenso.
A razão de ser desta colecção reside na abordagem,
sob os ângulos mais diversos, das questões fundamentais
da arquitectura e do urbanismo. Mas isso não implica, naturalmente,
a exclusão de estudos referentes a outras épocas,
sobretudo quando elas contribuem para melhor
compreendermos a nossa.

& Arquitectura Urbanismo

1 – **Paisagem Urbana** de Gordon Cullen
2 – **Architectura in Nuce** de Bruno Zevi
3 – **Movimentos Modernos em Arquitectura** de Charles Jencks
4 – **A Paisagem Urbana Moderna** de Edwards Relph
5 – **A Boa Forma da Cidade** de Kevin Lynch

A LINGUAGEM MODERNA DA ARQUITECTURA
Guia ao código anticlássico

Título original:
Il linguaggio Moderno dell'Architecttura
1ª parte de
Leggere, Scrivere, Parlare Architecttura

© 1997 Marsilio Editori

Tradução:
Margarida Periquito

Capa de Edições 70

Depósito Legal nº 188174/02

ISBN: 972-44-1149-4

Direitos reservados para língua portuguesa
por Edições 70

EDIÇÕES 70, Lda.
Rua Luciano Cordeiro, 123 – 2º Esqº – 1069-157 Lisboa / Portugal
Telefs.: 21 3190240 – Fax: 21 3190249
e-mail: edi.70@mail.telepac.pt

www.edicoes70.pt

Esta obra está protegida pela lei. Não pode ser reproduzida,
no todo ou em parte, qualquer que seja o modo utilizado,
incluindo fotocópia e xerocópia, sem prévia autorização do Editor.
Qualquer transgressão à lei dos Direitos de Autor será passível
de procedimento judicial.

Bruno Zevi
A LINGUAGEM MODERNA DA ARQUITECTURA
Guia ao código anticlássico

edições 70

PRIMEIRA PARTE

Esta I Parte compõe-se de nove palestras ocorridas no âmbito dos seminários do Instituto de Crítica Operativa da Arquitectura de Roma [Capítulos 1 a 9]. Aulas «faladas», informais, antiacadémicas, desprovidas de veleidades estilístico-literárias, cheias de repetições, de pensamentos formulados, interrompidos e retomados de maneira errante, caminhando por entre os estiradores: *Kindergarten Chats*, mas num sentido muito mais conciso do que o protótipo sullivaniano.

A II parte é composta pelo capítulo 10 que reúne alguns editoriais sobre problemas específicos da linguagem da arquitectura, surgidos na revista *A Arquitectura - Crónicas e História*.

Uma nota curiosa. A tradução inglesa, publicada pela University of Washington Press, contém a seguinte advertência: «Em 1977 Charles Jencks publicou um panfleto notável, *The Language of Post-Modern Architecture*. Nele se demonstra que o pós-moderno, opondo-se ao moderno, retrocede para o pré-moderno, isto é, para a academia classicista. Logo, este livro poderia intitular-se *A Linguagem Pós-Pós-Moderna da Arquitectura*».

INTRODUÇÃO
FALAR ARQUITECTURA

Em 1964, John Summerson publicou um ensaio intitulado *The Classical Language of Architecture*, posteriormente traduzido para várias línguas. Aguardei durante um decénio o seu complemento natural e indispensável: *The Anti-Classical Language of Architecture*, ou, melhor ainda, *The Modern Language of Architecture*, mas nem Summerson nem mais ninguém o escreveu. Por que motivos? Intuem-se vários, paralisantes. Todavia, é preciso preencher a lacuna: é uma tarefa inadiável, a de maior urgência para a cultura histórico-crítica; estamos já extremamente atrasados.

Sem uma língua, não se fala. Aliás, como se sabe, «a língua fala-nos», na medida em que proporciona instrumentos de comunicação sem os quais a própria formulação dos pensamentos estaria impedida. Pois bem, ao longo dos séculos, uma única língua da arquitectura foi codificada: a do classicismo. Todas as outras, subtraídas ao processo redutivo necessário para se tornarem línguas, foram consideradas excepções à regra clássica, e não alternativas dotadas de vida autónoma. Até a arquitectura moderna, surgida em polémica antítese ao neoclassicismo, se não for estruturada em língua, corre o risco de retroceder, uma vez esgotado o ciclo vanguardista, para os estafados arquétipos *Beaux-Arts*.

Situação incrível, absurda. Estamos dilapidando um colossal património expressivo, porque evitamos a responsabilidade de o definir e de o tornar transmissível. Em breve, provavelmente, deixaremos de saber *falar arquitectura*; na verdade, a maioria daqueles que hoje projectam e constroem balbucia, emite sons desarticulados, desprovidos de significado, não veicula nenhuma mensagem, desconhece os meios para dizer e portanto não diz nem tem nada para dizer. Perigo ainda mais grave: exautorado o modernismo, deixaremos de ser capazes de ler as imagens de todos os arquitectos que falaram uma língua diferente do classicismo, os paleolíticos, os mestres tardo-antigos e medievais, os maneiristas e Miguel Ângelo, Borromini, as formas *Arts and Crafts* e *Art Nouveau*, Wright, Loos, Le Corbusier, Gropius, Mies, Aalto, Scharoun, e os jovens, de Johansen a Hechker.

Hoje, ninguém usa as ordens clássicas. Mas o classicismo é uma *forma mentis* que ultrapassa as «ordens», conseguindo congelar também os discursos pronunciados com palavras e verbos anticlássicos. De facto, o sistema *Beaux-Arts* codificou o gótico, e depois o românico, o barroco, o egípcio, o nipónico e, por último, até o moderno, com um expediente simplicíssimo: hibernando-os, isto é, classicizando-os. Aliás, caso se revelasse impossível codificar em sentido dinâmico a linguagem moderna, não restaria senão essa solução suicida, já invocada por alguns infelizes, críticos e/ou arquitectos.

É preciso, pois, pôr imediatamente à prova, sem veleidades de os resolver *a priori*, isto é, sem ser através de averiguações concretas, todos os problemas teóricos cujo estudo constitui muitas vezes um alibi para novos adiamentos. Dezenas de livros e centenas de ensaios discutem se a arquitectura pode ser comparada com uma língua, se as linguagens não verbais têm ou não uma dupla articulação, e se o propósito de codificar a arquitectura moderna não estará destinado a redundar na interrupção do seu prosseguimento. A pesquisa semiológica é fundamental, mas não podemos pretender que ela desvende, fora da arquitectura, os problemas arquitectónicos. Bem ou mal, os arquitectos comunicam; falam arquitectura, seja ela ou não uma língua. Devemos documentar com exactidão aquilo que falar arquitectura implica, numa perspectiva anticlássica; se conseguirmos, o aparato teórico virá por si, inerente à própria pesquisa linguística.

Milhares de arquitectos e estudantes de arquitectura projectam, mas desconhecendo o léxico, a gramática e a sintaxe da linguagem moderna, que, em relação ao classicismo, são o antiléxico, a antigramática e a anti-sintaxe. Os críticos, a nível duplo, profissional e didáctico, julgam: com que critérios? com que legitimidade, na falta daqueles? Eis o desafio que se nos depara, produtores e utentes: para nos compreendermos, é preciso que usemos uma mesma língua, conciliando os seus termos e processos. Tema que se afigura gigantesco, apenas porque até agora inexplorado.

Objectivo intencionalmente provocatório: fixar uma série de «invariantes» da arquitectura moderna, com base nos testes mais significativos e paradigmáticos. Uma apreensão: enquanto na língua verbal o código é imprescindível, sob pena da não-comunicação, em arquitectura qualquer um pode omiti-lo à vontade, sem, por esse motivo, renunciar a construir. Na verdade, pode construir, até em estilo babilónico se quiser, mas sem comunicar nada a não ser as suas neuroses.

Discuti o assunto da linguística arquitectónica com docentes universitários e com profissionais, e principalmente com estudantes preocupados, confusos, irritados com a circunstância de ninguém lhes ensinar uma língua com a qual possam falar. Destas trocas de impressões emergiu uma conclusão: apesar de existirem óptimas razões para não enfrentar um tema tão difícil e traumático, é necessário superar o impasse e começar.

O presente ensaio é ainda mais breve do que o, já sucinto, de Summerson. Analisa apenas sete invariantes. Podem acrescentar-se ainda mais dez, vinte ou cinquenta; porém, na condição de não contradizerem as anteriores. A legitimidade desta abordagem terá de ser verificada nas obras e nos estiradores. Todos podem exercitar-se na verificação desta *basic language*. E não se admirem quando descobrirem que, em cada cem edifícios construídos hoje, noventa são completamente anacrónicos, datáveis de uma época entre o Renascimento e o mundo *Beaux-Arts*, oito contêm de modo incoerente alguns elementos lexicais modernos, e dois, no melhor dos casos, são agramaticais, logo, não falam a velha língua, mas também não falam a nova. E há mais: até os grandes mestres do modernismo, como se verá, produziram, por vezes, obras retrógradas, classicistas. Pelo que, é caso para nos perguntarmos: que língua é esta, se ninguém ou pouquíssimos a falam? A resposta é dada com outra interrogação: poderia estar mais difundida, sem o seu código ser elaborado?

Este trabalho tem a ambição de todo o acto herético: suscitar a discórdia. Se provocar um conflito, terá alcançado o seu objectivo: em vez de falar *de* arquitectura até à náusea, finalmente falaremos arquitectura.

1. A ditadura da linha recta, num esboço de Mauris. Dela provém a mania das paralelas, das proporções, dos traçados ortogonais, dos ângulos de 90º: isto é, o léxico, a gramática e a sintaxe do classicismo. Os monumentos da Antiguidade dita «clássica» são imitados para os adaptar a uma ideologia apriorística, abstracta.

1.
O ELENCO COMO METODOLOGIA DO PROJECTAR

Princípio genético da linguagem moderna, consubstancia em si todos os outros. Assinala a linha de demarcação ética e operativa entre aqueles que falam em termos actuais e os ruminantes das línguas mortas: cada erro, involução, bloqueio psicológico, enferrujamento mental durante a realização do projecto é reconduzível, sem excepções, ao falhado respeito deste princípio. Trata-se, pois, de uma invariante fundamental do código contemporâneo.

O elenco implica a desagregação e a rejeição crítica das regras clássicas, ou seja, das «ordens», dos *a priori*, das frases feitas, das convenções de qualquer origem e género. Nasce de um acto eversivo de anulação cultural que leva à recusa de todo o conjunto das normas e dos cânones tradicionais, e a recomeçar do princípio, como se nunca tivesse existido nenhum sistema linguístico e tivéssemos de construir, pela primeira vez na história, uma casa ou uma cidade.

Princípio ético, mais do que operativo. De facto, é preciso que nos libertemos, com um tremendo esforço e uma imensa felicidade, dos tabus culturais de que somos herdeiros, detectando-os em nós mesmos e desmitificando-os, um a um. Para o arquitecto moderno, tabus inibidores são os dogmas, os hábitos, as inércias, as sequelas acumuladas durante séculos de classicismo. Negando e anulando todos os modelos institucionalizados, liberta-se da idolatria. Reconstrói, revive o processo de formação e desenvolvimento do homem, e constata que, no decurso dos milénios, os arquitectos reduziram muitas vezes a zero a escrita figurativa, apagando todos os preceitos gramaticais e sintácticos. Os espíritos verdadeiramente criativos sempre reduziram a zero. A revolução arquitectónica moderna não é, portanto, um fenómeno inédito, apocalíptico; a luta contra os vínculos repressivos repete-se ao longo dos séculos.

Elencar significa reformular do ponto de vista semântico. Não se faz uso de palavras sem se ter analisado a fundo o seu conteúdo. Além disso, eliminam-se, pelo menos num primeiro tempo, os verbos, as ligações, os modos de construir uma frase. Daremos imediatamente alguns exemplos, para entrarmos no âmago da metodologia da realização de projectos.

Janelas. O classicismo selecciona um módulo para as janelas de um palácio renascentista; depois, estuda a sequência dos módulos, a relação entre vazios e cheios, os alinhamentos, tanto horizontais como verticais, isto é, a sobreposição das ordens. Pois bem, o arquitecto moderno liberta-se destas preocupações formais, entregando-se a um trabalho de reorganização semântica muito mais complexo e proveitoso. Em primeiro lugar, nada de módulo repetitivo. Cada janela é uma palavra que vale por si, por aquilo que diz, pela utilidade que tem; não tem de modo nenhum de ser alinhada nem proporcionada. Pode assumir qualquer forma: rectangular, quadrada, circular, elíptica, triangular, compósita, de perfil livre. Em relação ao compartimento que deve iluminar, pode ser uma fenda longa e estreita ao longo do tecto ou do pavimento, um corte vertical na parede, uma fita contínua à altura de uma pessoa: aquilo que se quiser, ou que se julgar apropriado depois de se ter calculado, ambiente por ambiente, a sua função. Não há motivo para uniformizar as janelas, ferindo a sua especificidade; uma vez subtraídas ao império classicista, serão tanto mais eficazes quanto mais diversificadas, veículos de múltiplas mensagens.

Desordenar a justaposição e a sobreposição dos módulos leva à reconquista da integridade da fachada, até aqui desarticulada em faixas verticais e horizontais pelo classicismo. Significa também algo muito mais relevante: a fachada torna-se *não-limitada*. Dado o carácter episódico das aberturas, altas e baixas, direitas e oblíquas, não constrangidas por relações axiais, deixa de ser um objecto fechado, autónomo, limitado a si mesmo, e estabelece um diálogo com aquilo que a rodeia, desempenhando um papel participante, não mais estranho e hostil, no aspecto da cidade ou da paisagem.

O exemplo das janelas parece inoportuno num discurso sobre a arquitectura moderna, porque, como veremos, o princípio do elenco exclui a noção de «fachada». No entanto, ao intervir em tecidos urbanos condicionados por texturas e volumetrias pré-determinadas, o arquitecto é muitas vezes obrigado a desenhar uma fachada. Não será por isso que renunciará a falar numa linguagem actual. No momento em que diferencia as janelas pela forma e pela colocação, rejeita a fachada tradicional e as suas conotações classicistas. Além disso, pode denunciar o desgaste desse modelo pondo algumas janelas em relevo, outras em encaixe, jogando com a espessura das paredes para dar uma moldura de sombra ao espelho vítreo ou para, pelo contrário, o expor

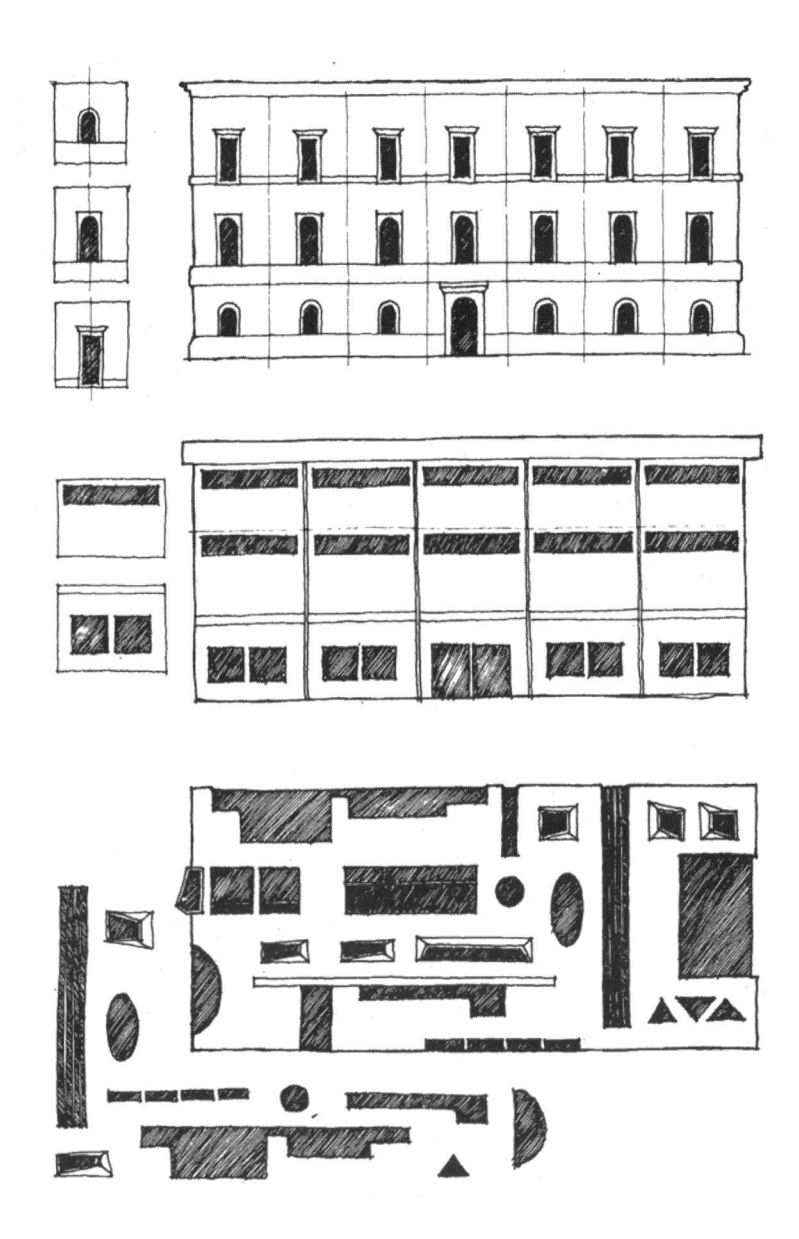

2. Metodologia do elenco nas janelas. O classicismo, antigo (ao alto) ou pseudo-moderno (ao centro), preocupa-se com o módulo, com a sua repetição, com a relação entre cheios e vazios, com os alinhamentos, enfim, com tudo menos com as janelas. Por outro lado, o elenco reorganiza semanticamente cada elemento (em baixo) e depois procede à montagem.

à claridade da luz. Aliás, porque não inclinar as janelas em relação ao plano de fachada? Uma olhará para baixo, focando uma praça, uma árvore ou um portão que estão em frente; outra, voltada para cima, captará o céu no perímetro espacial. A inclinação pode efectuar-se para a esquerda ou para a direita, recuperando vistas panorâmicas profundas e qualificadas, uma perspectiva rodoviária, um monumento, o mar. Frentes ricas em angularidade, nas quais as superfícies vítreas nunca são paralelas à superfície de fundo.

O princípio do elenco, mesmo se circunscrito ao pormenor das janelas, contesta a fachada clássica, quebra os seus limites, morde a esquadria recortando-a nos cantos e no alto, entre o último nível e o telhado. Atinge-se um duplo objectivo: aumentam as alternativas de iluminação nos ambientes e realça-se a expressão comunicativa do edifício.

Parece-me ouvir duas objecções: a primeira é de confusão, a segunda tenta encobri-la com álibis de natureza ideológica. A primeira protesta: é um trabalho desmedido, assustador! se a forma e o posicionamento de cada janela tiverem de ser diferençados desta maneira, para desenhar uma fachada com dez janelas é preciso um esforço de reflexão excessivo, profissionalmente incongruente. A segunda contra-ataca: tudo isso não leva à «academia do desregramento», ao triunfo do arbítrio?

Para a primeira objecção a resposta é: é assim, uma janela resulta do estudo do espaço que deve iluminar, cujo valor perceptivo e comportamental depende largamente da luz; na verdade, para configurar as janelas, é necessário ter já projectado espaços e volumes, o edifício completo. A arquitectura moderna é difícil? Sem dúvida, mas é maravilhosa, porque cada uma das suas componentes remete para um conteúdo social. Se fosse fácil, a maioria dos edifícios construídos hoje seria moderna; no entanto, basta observar as suas janelas para perceber que é fruto de inconsciência académica.

Quanto à segunda objecção: arbítrio? Pelo contrário, o classicismo é totalmente arbitrário, na medida em que mitifica a ordem abstracta, opressora da liberdade e das funções sociais. O elenco leva ao desregramento? Sacrossanta desordem, que remove a ordem idólatra, os tabus da «série», da massificação alienante. Contesta a produção industrial neocapitalista, como fez em meados do século XIX o desafio de William Morris em relação à paleocapitalista. A indústria uniformiza, classifica, tipifica, classiciza; os recentes arranha-céus involucrados com o sistema *curtain wall* são mais bloqueados e estáticos do que os que foram erigidos há cinquenta anos; percebe-se isso também pelas janelas.

As duas objecções revelam um obscuro substrato psicológico. A arquitectura moderna multiplica as possibilidades de escolha, enquanto a clássica as reduz. A escolha cria angústia, uma neurótica «ânsia de certeza». O que fazer? Não existem tranquilizantes para evitá-la. E noutros campos, existem? A pintura abstracta e a informal, a música dodecafónica e aleatória e a arte conceptual não desencadeiam angústia? Não é angustiante olharmo-nos num espelho, pela primeira vez, e reconhecermo-nos a nós mesmos numa imagem outra de nós? Ou aprender, estupefactos, que a Terra gira, enquanto parece estar parada? Medo da liberdade, dos movimentos irracionais. Suponhamos por um instante que, em igualdade de rendimento funcional, as janelas possam ser iguais ou diferentes. A linguagem moderna escolhe: diferentes, para oferecerem mais escolhas. A clássica, pelo contrário: todas iguais, porque assim estarão ordenadas – como cadáveres. Mas a hipótese do rendimento funcional ser igual é absurda, verdadeiramente arbitrária. Confirma-se, pois, um facto conhecido e incontestável, mas muito difícil de entrar na consciência dos arquitectos: aquilo que parece racional, porque regulamentado e ordenado, é humanamente e socialmente louco, só encontra uma lógica própria no poder despótico; ao passo que, geralmente, aquilo que se supõe irracional nasce de um hábito de intensa reflexão e de um corajoso reconhecimento do direito à fantasia. O classicismo condiz com os cemitérios, não com a vida. Só a morte dá solução à «ânsia de certeza».

Tudo o que se discutiu acerca das janelas deve aplicar-se a qualquer aspecto da metodologia do projectar, a qualquer escala: volumes, espaços, engastes volumétricos e espaciais, malhas urbanas, planos territoriais. A invariante é sempre o elenco. Porque é que uma divisão deve ser cúbica ou prismática e não de forma livre, ditada pelas funções a que se destina? Porque é que o conjunto das divisões deve formar uma caixa elementar? Porque é que um edifício deve ser concebido como sendo a embalagem de muitas caixinhas dentro de uma caixona? Porque é que deve ser fechado em si mesmo, determinando um corte nítido entre cavidades arquitectónicas e paisagem urbana ou natural? Porque é que as divisões de um apartamento devem ter todas a mesma altura? – e assim por diante. A invariante da linguagem moderna consiste nos *porque?*, em não se sujeitar a leis aprioristicas, em reproblematizar todas as asserções convencionadas, em hipotizar por sistema e nas consequentes verificações. Uma vontade de libertação dos dogmas idólatras subtende os movimentos da arquitectura actual, a começar pelos famosos cinco princípios enunciados por Le Corbusier: a planta «livre», a fachada «livre», os pilares que deixam «livre» o terreno sob o edifício, o telhado-jardim que implica o «livre» uso da cobertura, e até a janela em comprimento, na qualidade de elemento de controlo da fachada, «livre» da armadura estrutural.

A metodologia do elenco repõe continuamente a zero, e verifica também os cinco princípios, como fez o próprio Le Corbusier no período senil, de Ronchamp em diante. O «purismo» constituía um pesado limite, pois a «planta livre» só era tal dentro do perímetro de uma figura geométrica «pura». E porque é que nunca devemos mitificar a geometria, a linha e o ângulo rectos? O elenco diz *não* também a estes preceitos. Envolve conteúdos e formas, ética e socialidade, como a língua.

Os capítulos que se seguem examinam outros significados desta invariante. Não existe arquitectura moderna fora do processo do elenco. O resto é fraude, classicista ou pseudomoderna: um crime, para falar numa linguagem apropriada.

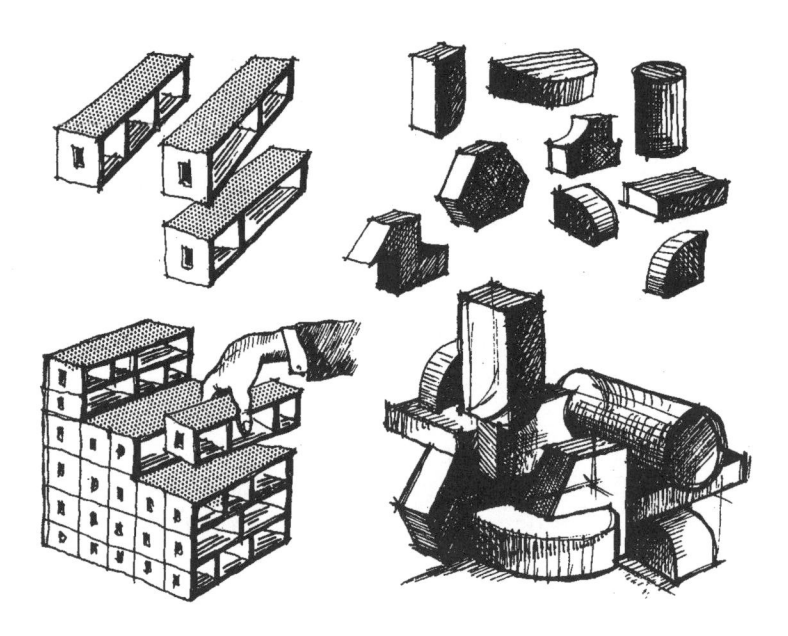

3. Metodologia do elenco nos volumes. O classicismo, antigo ou pseudomoderno, introduz as funções humanas em caixas, restringindo-lhes a especificidade; depois, sobrepõe e justapõe as caixas, de modo a formar uma grande caixa arquitectónica (à esquerda). O elenco reorganiza semanticamente os volumes e, reagrupando-os, salvaguarda-lhes a individualidade (à direita).

2.
ASSIMETRIA E DISSONÂNCIAS

E então, onde? *Em qualquer outro ponto*. Esta é a resposta a quem, tendo escutado a vossa crítica acerca de um objecto posto de modo a formar uma simetria, vos pergunta onde situá-lo. *Em qualquer outro ponto*. Existe apenas um radicalmente errado: aquele que se escolhe «espontaneamente», regurgitando as convenções atávicas, incorporadas no inconsciente.

Podemos servir-nos de um exemplo ainda mais modesto do que uma janela, com o qual é cómodo fazer experiências: um quadro. Temos aqui uma parede: onde vamos pendurá-lo? Obviamente, no meio. Pois bem, *em qualquer outro ponto*, à direita, à esquerda, mais em cima ou mais em baixo, em qualquer sítio menos ali. No meio, parte a parede em partes iguais, reduz-lhe as dimensões visuais, destrói-as, deixa-se emoldurar pela parede isolando-se, em vez de espaçar e dar vida ao compartimento.

A simetria é uma invariante do classicismo. Portanto, a assimetria é-o da linguagem moderna. Extirpar o feitiço da simetria significa percorrer um longo troço da estrada que conduz à arquitectura contemporânea.

Simetria = desperdício económico + cinismo intelectual. Sempre que virem uma casa composta por um bloco central e dois corpos laterais simétricos, podem emitir um juízo condenatório. O que contém o corpo à esquerda? A sala de estar, por hipótese. E o da direita? A zona de serviço ou os quartos de cama. Alguma vez se pode conceber que as duas caixas envolventes sejam idênticas? O arquitecto desperdiçou espaço, aumentando a cubicagem da sala de estar para uniformizá-la com os quartos, ou vice-versa; reprimiu funções essenciais para forçar a zona de dormir a assumir o mesmo rosto que a sala de estar. Basta pensar nas alturas: por que razão é que um compartimento amplo havia de renunciar a sobressair? O desperdício é flagrante, em sentido económico e estético: um quarto demasiado alto resulta visualmente apertado, sufocante. Duplo prejuízo, portanto; duplo sacrifício. Em honra de que tabu? Da simetria.

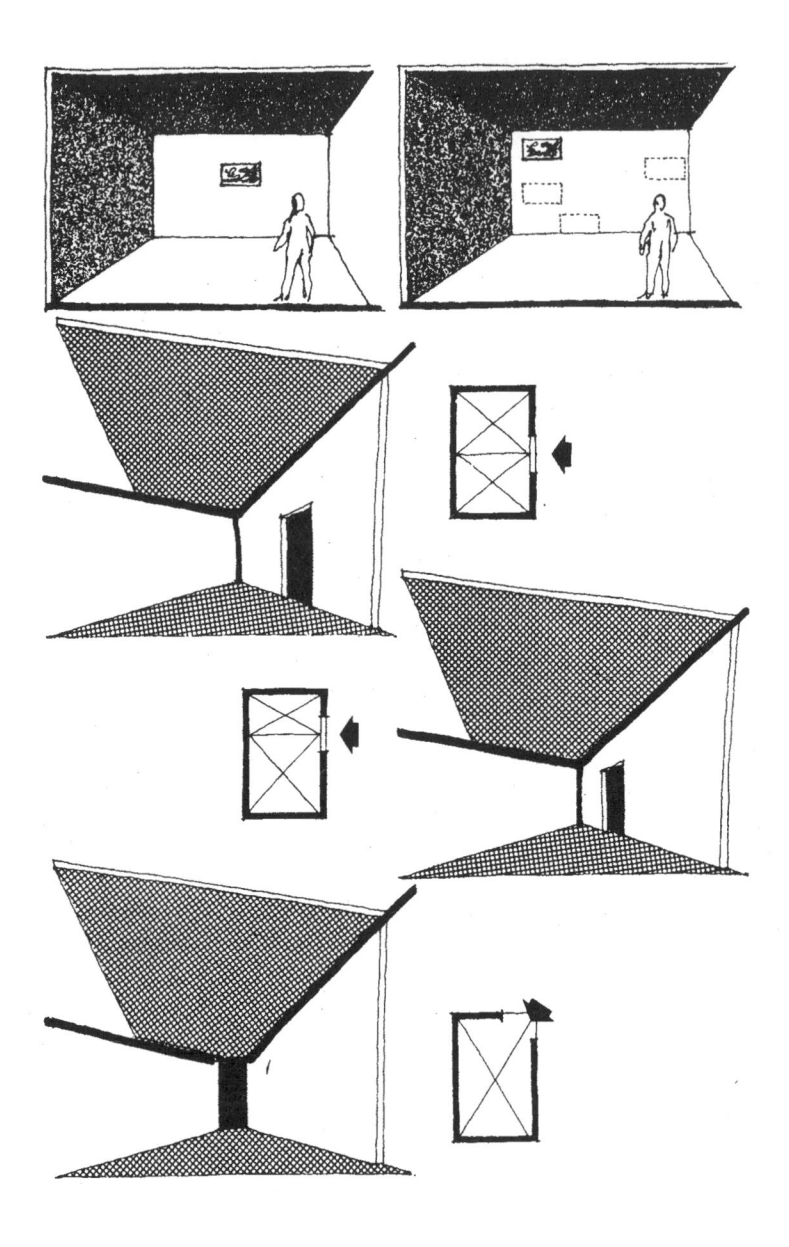

4. Um quadro? Pendurá-lo em qualquer sítio, menos ao centro da parede (ao alto). Uma porta? Abri-la seja onde for, excepto ao centro de uma divisão (segunda barra). Se a porta for afastada do ponto médio, o espaço adquire profundidade (terceira barra). O ideal é a porta de canto: realça a diagonal (em baixo).

Simetria = necessidade pungente de segurança, medo da flexibilidade, da indeterminação, da relatividade, do crescimento, em suma, do tempo vivido. O esquizofrénico não suporta o tempo vivido; para controlar a angústia, exige a imobilidade. O classicismo é a arquitectura da esquizofrenia conformista. Simetria = passividade ou, em termos freudianos, homossexualidade. Explica-o um psicanalista, num «tema» deste livro. Partes *homó*logas, não *heteró*nomas. Terror infantil do pai – a academia é uma figura paterna, protectora do pequeno cobarde – que te castrará se agredires uma figura heterónoma, a mulher, a mãe. No instante em que te tornas passivo aceitando a simetria, a angústia parece atenuar-se porque o pai já não te ameaça, possui-te.

Talvez a história completa da arquitectura pudesse ser relida numa perspectiva de neurose da simetria. A europeia, sem dúvida. Não foi por acaso, por exemplo, que a Itália foi a primeira a recomeçar, no Renascimento, a venerar este ídolo, enquanto nos outros países se continuava a produzir a linguagem gótica. A economia da península entrava numa crise grave e as classes dominantes compensavam-na com uma máscara classicista. Evocavam o passado greco-romano mitificando-o, para esconder a instabilidade do presente; concediam a si próprios um rosto áulico, austero ou olímpico, para ocultar a ruína social. Sempre foi assim: a simetria é a fachada de um poder fictício, que pretende parecer inabalável. Os edifícios representativos do fascismo, do nazismo e da URSS estalinista são todos simétricos. Os das ditaduras sul-americanas, simétricos. Os das instituições teocráticas, simétricos; muitas vezes, de dupla simetria. Conseguem imaginar o Monumento a Vítor Manuel II assimétrico, desequilibrado, variado nas suas partes, com uma estátua equestre colocada à esquerda ou à direita, mas não ao centro? Uma Itália capaz de o construir teria sido outra nação, empenhada em criar uma gestão democrática do Estado, um sector terciário eficiente, uma sociedade equilibrada entre o Norte e o Sul, alicerçada na justiça. Antes de mais, uma nação assim constituída não teria esbanjado os dinheiros públicos para erigir uma monstruosidade de mármore como o Vitoriano, e para desfigurar a praça Veneza banalizando as suas proporções, deslocando o palacete, abatendo a mole Torlónia, em suma, estragando não apenas um fulcro, mas todo o sistema urbano de Roma. Teria usado aquele dinheiro para construir casas populares, escolas, bibliotecas, para realizar uma reforma agrária ou sanitária. O Vitoriano transmite a fragilidade de um país retrógrado, que finge ter progredido assumindo uma atitude jactante, monumental, arrogante, grandiloquente. A chama do Soldado Desconhecido aos pés do Arco do Triunfo parisiense e o Cenotáfio de Whitehall, em Londres, empalidecem de modéstia perante este horror em que a simetria se eleva com uma hediondez titânica.

5. A praça Veneza, em Roma, estreita e profunda, rematada pelo palacete (ao alto), podia ter acolhido um monumento evocativo como a Mão Aberta, de Le Corbusier (segunda barra, à esquerda). Em vez disso, foi esquartejada para criar espaço para o faraónico Vitoriano (segunda barra, à direita, e terceira barra), contra toda a assimetria (em baixo).

Há edifícios simétricos não retóricos, mas todos os edifícios retóricos, símbolos de autoridade totalitária, produtos da indolência e do cinismo, são simétricos. Além disso, os primeiros, se analisados com mais cuidado, revelam-se simétricos apenas parcialmente, em geral na frente principal. Isto leva a outra observação: na simetria arquitectónica fez-se batota da maneira mais obscena, deformando e falseando os relevos dos monumentos. Exemplo clamoroso: os Propileus da acrópole ateniense. Têm uma implantação assimétrica a um nível blasfemo, mas a *École des Beaux-Arts* não podia admitir que, precisamente à entrada daquele santuário do classicismo, surgisse uma estrutura herética; por isso, apresentou a obra de Mnesícolo como se fosse simétrica. Se o não era, queria dizer que os Gregos, num momento de obscurecimento mental, tinham errado, e era necessário corrigi-los. Outro exemplo? O Erecteu, organismo irregular, assimétrico, «moderno» por assim dizer, que antecipa, até, os desníveis do *Raumplan*, de Adolf Loos. Que peso teve na normativa *Beaux-Arts*? Nenhum. Não era simétrico, não servia.

Uma divisão. Onde entrar? *Em qualquer outro ponto* sem ser o meio de uma parede. Bipartiríamos o seu espaço. Aliás, *em qualquer outro ponto* quer dizer no ponto convenientemente mais descentrado, para que se realce a diagonal, a profundidade máxima. Para acentuar a visão em diagonal, porque não destacar a porta de entrada do plano da parede, inclinando-a? Óptimo, damos-lhe outro sentido semântico, diferençando-a das outras.

A mesma divisão. Onde iluminá-la? *Em qualquer outro ponto* sem ser ao centro, de maneira a não tripartir o compartimento em uma zona iluminada entre duas escuras aos lados. Damos outro sentido semântico à janela em função do espaço interior, qualificando a luz. Não há nenhum panorama sobre o qual nos debrucemos: então, uma abertura longa e estreita paralela ao pavimento, uma idêntica (de altura diferente, para evitar a simetria) paralela ao tecto, outras nos cantos para iluminar os planos. Na fachada da estação de Roma, encontramos duas fendas de luz em cada piso, à altura da secretária e do tecto; dispositivo satisfatório, embora classicizado por uma aliteração excessiva. Sempre que haja a possibilidade de abrir janelas de ambos os lados, que não fiquem nunca em oposição: iluminar-se-iam uma à outra, em vez de dar luz ao espaço. Observai a sala dos Mesi, na delícia de Schifanoia, em Ferrara: a cada janela corresponde, em frente, um cheio, de modo que a luz banha magnificamente os célebres frescos estenses.

A simetria é um sintoma particular, macroscópico, de um tumor que proliferou capilarmente e cujas metástases são infinitas: a geometria. Com efeito, a história das cidades poderia ser interpretada como um

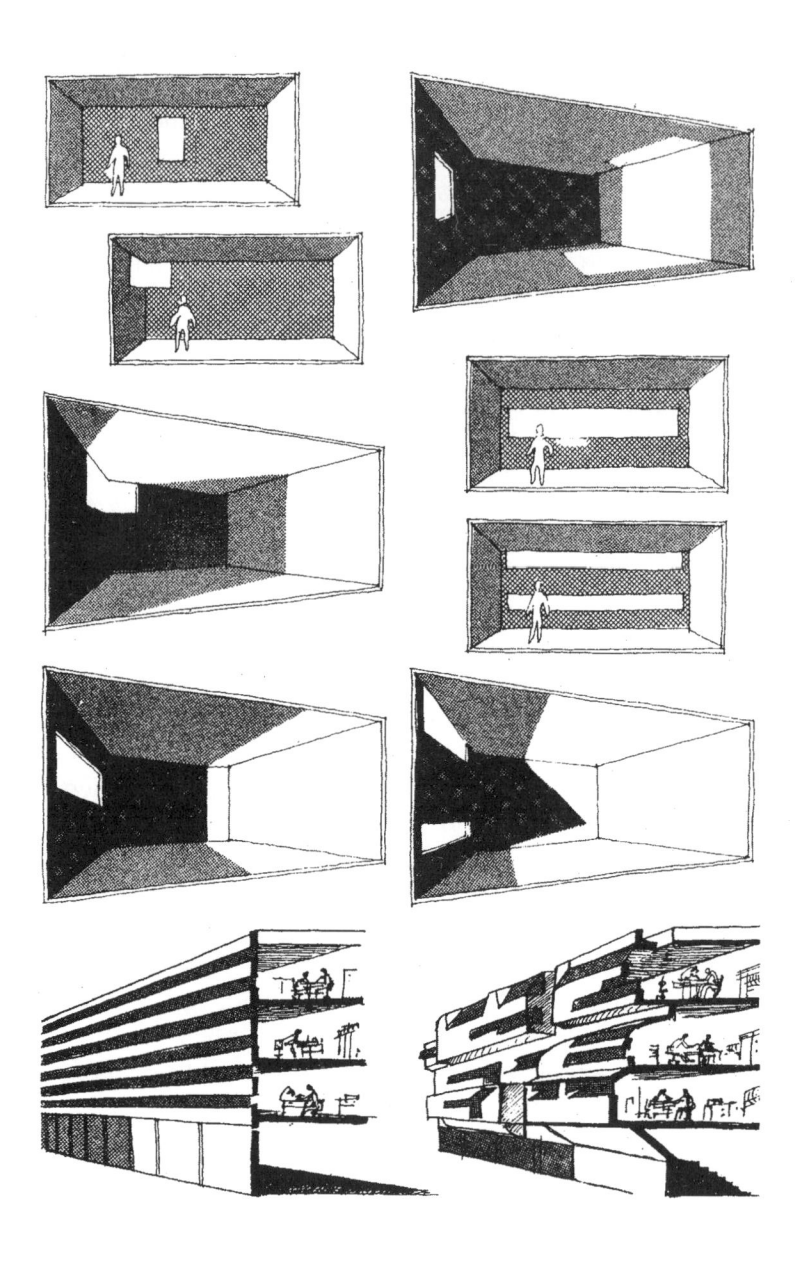

6. Como iluminar uma divisão? Não ao centro de uma parede (ao alto). Qualquer outra solução é aceitável: janela angular, em tira, em tira dupla (esboços centrais). Na estação de Roma, um alinhamento vítreo duplo ilumina os escritórios (em baixo, à esquerda), mas seria preferível uma maior variedade funcional (à direita).

choque entre a geometria, invariante do poder ditatorial ou burocrático, e as formas livres, congénitas à vida e ao povo. Durante centenas de milénios, a comunidade paleolítica ignora a geometria. Assim que se estabiliza a fixação dos povos no neolítico, e os caçadores-agricultores ficam sujeitos a um chefe de tribo, eis que surge o tabuleiro de xadrez. Todos os absolutismos políticos geometrizam, disciplinam o cenário urbano com eixos, e depois outros eixos paralelos e ortogonais. Todos os quartéis, as prisões, os edifícios militares são rigidamente geométricos. Não é permitido a um cidadão voltar à direita ou à esquerda com um movimento harmónico, dando uma curva: tem de virar bruscamente a 90°, como uma marioneta. De modo análogo, os novos tecidos urbanos são desenhados com texturas em grelha; em casos excepcionais, irrealizados, o esquema hexagonal ou triangular. Nova Iorque é tabuleiro de xadrez que admite apenas a diagonal da Broadway. A Paris imperial baseia-se em cortes ferozes que rasgaram sadicamente o tecido popular pré-existente. A colonização da América latina foi feita com leis peremptórias, que impunham formas geométricas às cidades, fosse qual fosse a topografia, *a priori*.

As cidades, principalmente as capitais, são vítimas constantes de intervenções geométricas; só se salvam porque o seu crescimento prevarica o *diktat* político-administrativo. As pequenas povoações, pelo contrário, sobretudo as aldeias rurais, não são geométricas, por norma; mas são-no, com um rigor implacável, as que são dominadas pela máfia, na Sicília.

Um cancro secular, embora desmentido por ilustres excepções como a civilização medieval e o mundo campesino, só pode ser extirpado com uma vontade implacável. O arquitecto está de tal maneira condicionado por uma geometria artificiosa e desumana que a acha «natural» e «espontânea»; não conhece outra língua. Cancro ancestral, reforçado pelos instrumentos do desenho: régua em T, esquadro, compassos, máquina de desenhar. Servem para traçar linhas paralelas, paredes paralelas, quartos paralelos, ruas paralelas, lotes paralelos; e depois, ortogonalmente, outras paredes paralelas, tectos paralelos aos pavimentos, outras ruas paralelas, zoneamentos ortogonais. Universo perfeitamente quadriculado em rectângulos e prismas, controlável a tiro de espingarda ou de metralhadora. Os esquifes empacotam os cadáveres, mas, pelo menos na forma trapezoidal, aderem à morfologia dos conteúdos. Para os homens vivos, porém, não é tanto assim: são enlatados cinicamente, de maneira inorgânica e abstracta.

A partir do final da Idade Média, perdeu-se o sabor do que é estar livre da geometria regular, que coincide emblematicamente com o sabor da liberdade *tout court*. Um edifício como o Palazzo Vecchio, em

Florença, e povoações como Siena e Perúgia parecem pertencer a outro planeta; os arquitectos não os sabem desenhar, a língua deles não o permite. Para os reeducar, seria necessário proibir réguas em T, esquadros, compassos, máquinas de desenhar, todo o equipamento preparado em função da gramática e da sintaxe classicistas. A antigeometria, a forma livre, e por isso a assimetria e o antiparalelismo são invariantes da linguagem moderna. Significam a emancipação da dissonância.

Schönberg escrevia que as dissonâncias não devem ser consideradas condimentos picantes de sons insípidos. São componentes lógicas de um novo organismo que vive, com a mesma vitalidade dos protótipos do passado, nas suas frases e nos seus motivos. Ele descobriu que uma música que já não se referia a uma tónica, a um centro harmónico, era plenamente compreensível e capaz de suscitar emoções. Tonalidade está para simetria, proporção, consonância geométrica. Os arquitectos ainda não descobriram isso.

7. Com a régua e o esquadro, o estirador e a máquina de desenhar, revela-se difícil e esgotante reproduzir um fragmanto urbano medieval como a praça do Campo, em Siena. Utilizando estes instrumentos, concebem-se apenas arquitecturas em forma de caixa, facilmente representáveis com o mecanismo do sistema perspéctico.

3.
TRIDIMENSIONALIDADE ANTIPERSPÉCTICA

A hecatombe deu-se no início do século XV. E foi o triunfo da perspectiva. Os arquitectos deixaram de se ocupar de arquitectura, limitando-se a desenhá-la. Os estragos foram enormes, multiplicaram-se ao longo dos séculos e aumentaram com a construção industrializada. O paradoxo não tem talvez equivalência noutras actividades: entre o arquitecto e a arquitectura abre-se um abismo que se torna impossível preencher. Não admira que muitos arquitectos não suspeitem sequer em que consiste a arquitectura.

A perspectiva é uma técnica gráfica capaz de representar uma realidade tridimensional numa folha bidimensional. Para facilitar a tarefa, induz a esquadrar todos os edifícios, reduzindo-os a prismas regulares. Imediatamente, um gigantesco património visual composto de curvas, assimetrias, desvios, modulações, ângulos que não eram de 90° foi apagado: o mundo tomou a forma de caixa, e as «ordens» serviram para separar as partes sobrepostas ou justapostas. A perspectiva devia ter proporcionado os instrumentos para adquirir com maior consciência a tridimensionalidade. Em vez disso, ancilosou-a ao ponto de tornar a sua representação mecânica e quase inútil. Mais uma prova sintomática daquilo que os linguistas afirmam: a língua «fala-nos», não podemos pensar sem ser por um código. O ressurgido classicismo, baseado na perspectiva, empobreceu drasticamente a linguagem arquitectónica. Nunca mais se inventaram espaços para a vida humana, passaram a desenhar-se os invólucros que a empacotam. Já não foi a arquitectura, mas sim o seu contentor, que dominou com a perspectiva.

A tarefa perspéctica, em teoria, devia ter realçado a profundidade. Qualquer volume arquitectónico, podia presumir-se, sublinhá-la-ia, oferecendo-se em relances angulares; a aresta tornar-se-ia elemento propulsor do prisma e, contestando o seu isolamento, tê-lo-ia envolvido no discurso urbano. Palácio Farnese, em Roma: uma caixa, é certo, mas não se podia fazer de outra maneira com a língua perspéctica; mas as suas paredes oblíquas, em fuga, teriam orientado a articulação da cidade. Obviamente, os ângulos teriam sido todos diferentes, ressoante aquele que dá para a praça, em surdina os outros, para não interromper o *continuum* das ruas.

Nada disto, como se sabe. O Palácio Farnese não transmite realidades estereométricas; desarticula-se numa frente principal, em partes laterais que dominam as ruelas que o ladeiam, e numa fachada quase independente, nas traseiras. O volume está à parte, completo, privado de diálogo com aquilo que o rodeia, catapultado; como objecto tridimensional, não se revela à vista a não ser do avião. E depois, as fachadas são limitadas por ângulos idênticos: *harakiri* da perspectiva.

Tendo-se imposto em nome da terceira dimensão, a perspectiva foi aplicada, em regra, como enquadramento central: ou seja, em sentido bidimensional. Observem um rectilíneo renascentista qualquer, ou simplesmente classicista: abertura nos bastidores da construção, cortejos de fachadas planas, onde está a tridimensionalidade? onde estão os volumes? E então, porquê dilapidar a imensa herança linguística medieval, repleta de mensagens estereométricas, e ainda por cima contra o formato-caixa? Procurem na história política e social, a resposta está lá.

Tal como para a geometria, haveria muito poucas esperanças de vencer o morbo da perspectiva, que infecta o corpo da arquitectura nas suas fibras mais profundas. Porém, neste caso, o código moderno afunda as suas raízes numa longa série de antecedentes, a partir, precisamente, do século XV. A arte, a partir do maneirismo, tende a superar a visão perspéctica, e as vanguardas renovadoras, do impressionismo ao informalismo, aceleram o processo. A arquitectura ficou para trás, em relação à pintura e à escultura; a mentalidade perspéctica resiste e corrompe uma infinidade de obras que noutros sentidos são actuais. Mas basta saber um pouco de história para reparar que todos os verdadeiros arquitectos, de 1527 a 1996, enfrentaram a batalha antiperspéctica. Hoje, é preciso concluí-la.

No declinar do século XV, encontramos Biagio Rossetti, o urbanista de Ferrara, «a primeira cidade moderna da Europa». Não é um arquitecto famoso, por isso percebe quais são os requisitos fundamentais da cidade, que os grandes, pelo contrário, desconhecem, presos a uma óptica centrada exclusivamente no edifício. O que descobre este modesto artesão, que constrói Ferrara sem desenhá-la sequer? Simplesmente que, para fazer parte do contexto, os edifícios não podem ser simétricos, auto-suficientes, finitos; o ângulo é o nó privilegiado, a charneira de todos os episódios urbanos; o resto vem por si. No traçado da Addizione Erculea, Rossetti ocupa-se dos edifícios situados nos cruzamentos das ruas; e põe em realce os seus ângulos. É o único exemplo de um agregado renascentista pensado em termos de perspectiva concretamente tridimensional. Três séculos e meio depois, a Paris do barão Haussmann: fachadas no lugar dos ângulos.

Miguel Ângelo é outra extraordinária figura de contestador da perspectiva central. Na praça do Capitólio, insulta o código vigente, agarra o espaço e retém-no, quebra o cânone baricêntrico da geometria elementar, faz de um rectângulo um trapézio invertido em relação ao perspéctico, e vai ao ponto de negar o paralelismo aos dois palácios, apesar de idênticos, que ladeiam o espaço vazio. Incrível: Miguel Ângelo é o artista mais célebre da história da arte, as suas obras são glorificadas, medidas, copiadas; em Montreal há um decalque da Basílica de São Pedro, a uma escala que é metade da verdadeira; o Capitólio constitui uma paragem obrigatória no itinerário de milhões de pessoas, de todos os arquitectos cultos – mas quantos, animados por este explosivo precedente, tiveram a ousadia de colocar dois corpos frontais de edifícios públicos numa orientação não paralela?

Recordemos, entre parêntesis, outra façanha arrebatadora de Miguel Ângelo: os desenhos para as fortificações florentinas, de 1529. Ímpeto inédito dos espaços internos e dos paisagísticos, carregados pelo arrojo de espaldões e baluartes, estruturas nunca paralelas das muralhas contorcidas em função da resistência estática e da dupla agressividade espacial. Pois bem, durante quatro séculos nunca ninguém olhou para esses desenhos, ninguém os descobriu, embora fossem perfeitamente conhecidos. Em termos de linguagem, de um código novo e revolucionário, não serviram para nada. Porquê?

A língua de Miguel Ângelo não tinha sido formalizada; logo, ninguém podia falá-la; pior ainda, ninguém podia compreender o que dizia Miguel Ângelo. Eis o motivo do desperdício. A codificação da língua moderna, repetimos, é condição *sine qua non* para falar arquitectura hoje, e também para entender os textos do passado, falsificados pelo classicismo. Este é o ponto nodal de toda a questão: a arquitectura moderna coincide com o modo moderno de ver a arquitectura do passado. Escreve-se numa nova perspectiva se se lê numa nova perspectiva, e vice-versa. Isso confere à língua contemporânea uma instrumentalidade de um alcance formidável, mesmo para fins historiográficos.

Objecta-se: se a única língua codificada é a classicista, como é que se pode pretender que, adoptando uma língua anticlássica, se consiga comunicar? Na linguagem verbal não se verificam revoluções imprevistas e tão radicais que se possa dizer: até ontem, falava-se assim, a partir de hoje fala-se de modo inverso. E depois, como é que se pode criar um código arquitectónico novo com base simplesmente em algu-

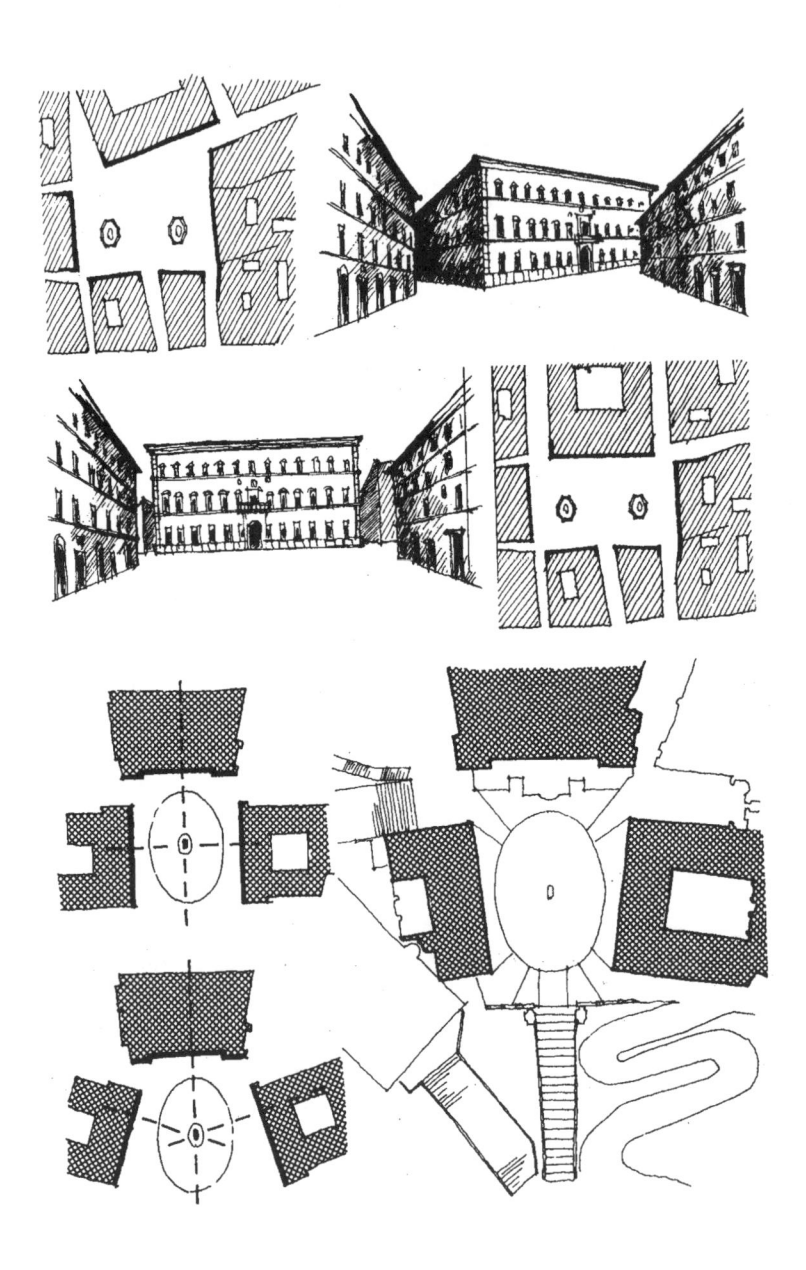

8. Para realçar a sua tridimensionalidade, o palácio Farnese, em Roma, devia apresentar-se de viés (ao alto); no entanto, apresenta-se como uma parede bidimensional (ao centro). Miguel Ângelo, na praça capitolina, rejeita o paralelismo e o óculo perspéctico (em baixo, à esquerda), e inverte o trapézio (à direita).

mas obras de poucos artistas que, além do mais, admitem muitas vezes simetrias, esquemas geométricos, consonâncias, instalações perspécticas? Não é uma veleidade?

Não. A língua arquitectónica moderna não nasce repentinamente em 1859, com a Casa Vermelha, de William Morris. Não usa códigos incompreensíveis; as suas mensagens encontram vastíssimas antecipações no eclectismo, no barroco, no próprio Renascimento, como vimos, na epopeia medieval, no românico tardio, na Grécia, no mundo helénico autêntico e não naquele que foi violentado pela hermenêutica *Beaux-Arts*, e ainda mais para trás, até à idade paleolítica. O único código formalizado é o do classicismo? Não estamos, porém, desarmados contra isso. Temos do nosso lado a força da fenomenologia histórica: sabemos que não existe um só monumento do passado que obedeça àquele código, nem um só templo grego que tenha as proporções, institucionalizadas em abstracto, do «templo grego». As civilizações ditas «clássicas» não o são de facto, nem por sombras. Os grandes arquitectos, em cuja autoridade se baseia a codificação classicista, na prática são os primeiros a desmenti-la. Bramante é clássico? Paládio é clássico? Será que Vignola o é?

Quanto à circunstância de Wright, Le Corbusier, Gropius, Mies van der Rohe, Aalto e outros mestres do modernismo adoptarem, geralmente descontextualizando-os, alguns elementos clássicos, não é desconcertante. A nova linguagem, que se desenvolveu em oposição dialéctica com a idolatria *Beaux-Arts*, teve de levar em conta a estratégia adversária. Trata-se de uma relação semelhante à existente entre o italiano e o latim (embora o moderno, em arquitectura, não derive, de modo nenhum, do clássico). Nos primeiros séculos, o «vulgar» tem palavras latinas misturadas, e o latim é «corrompido» por termos do vulgar. Com a continuação, o latim torna-se cada vez menos latim, a estrutura do código é vulgar. No século XV, em sincronia com a perspectiva, e por razões afins, o latim volta a estar na moda e, reconduzido ao seu código específico, parece prevalecer; nesse momento, porém, suicida-se, porque a operação é anti-histórica, repressiva, absurda.

Há edifícios simétricos e perspécticos dos mestres? É preciso distinguir. Quando Gropius, Mies e Aalto os realizam, é um acto de rendição: na falta de uma codificação moderna, cansam-se e regridem para o ventre materno do classicismo. Com Mendelsohn não acontece: o seu expressionismo é de tal modo subversivo que o bloco tridimensional perspéctico mina toda a solenidade estática, explode, electriza e magnetiza a paisagem. Onde estão os edifícios simétricos de Le Corbusier? A *villa Savoye* é simétrica? Só para quem tenha visto distraidamente uma fotografia dela. Ou então, os textos wrightianos.

Finalmente, devemos realmente proclamar que, entre as mil alternativas possíveis, há também a perspéctica? De acordo: basta que seja escolhida entre mil, depois de se ter pesado as vantagens das outras 999, e não *a priori*.

9. Armado de régua em T, o arquitecto já não pensa a arquitectura, mas apenas o modo de representá-la. A língua perspéctica «fala-o», forçando-o a projectar em termos de prismas e de ordens prismáticas sobrepostas, sejam eles os dos palácios renascentistas ou do horrendo e grotesco «Coliseu quadrado» da EUR [Exposição Universal de Roma], em Roma.

TRIDIMENSIONALIDADE ANTIPERSPÉCTICA

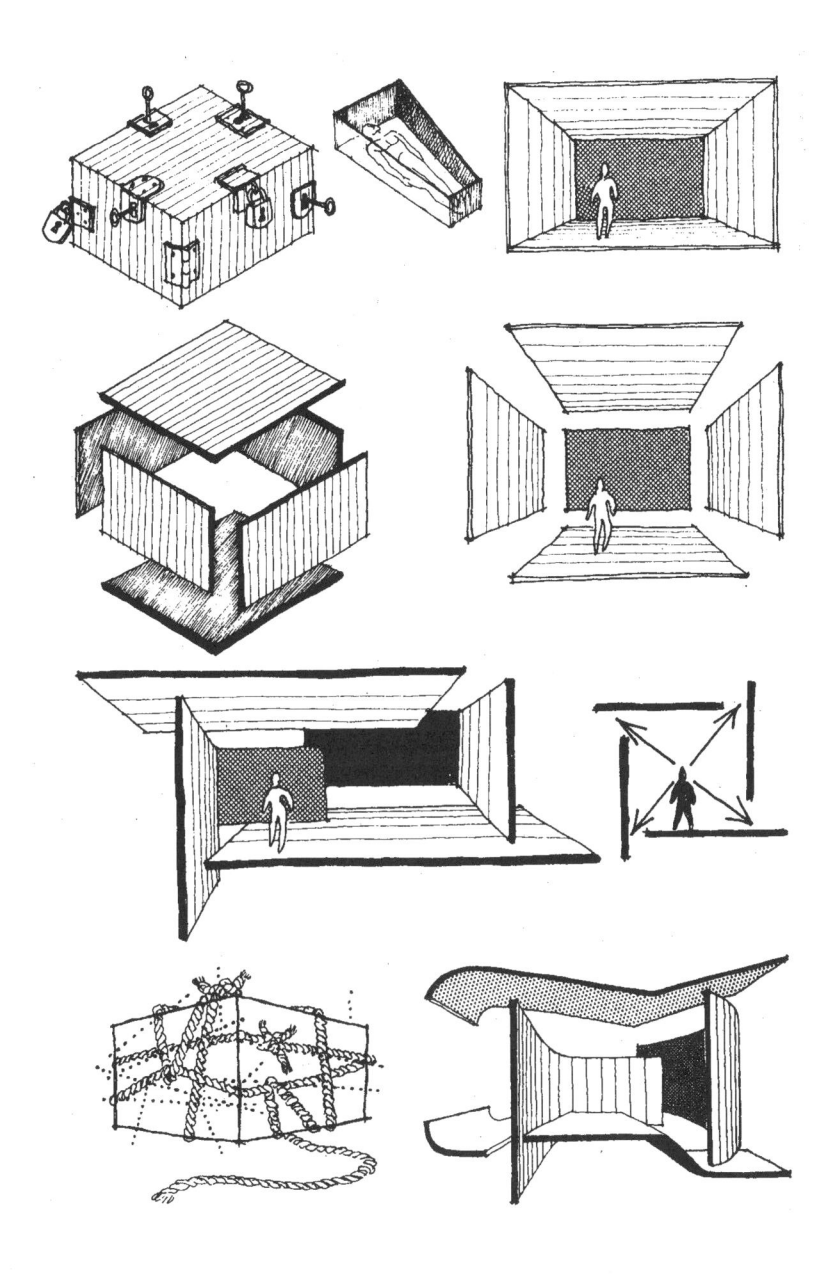

10. A caixa encerra, encarcera como um esquife (ao alto). Soltando os seis planos, cumprimos o acto revolucionário moderno (segunda barra). As placas podem estender-se ou contrair-se para dosear a luz nas fluências espaciais (terceira barra). Uma vez desatado o pacote repressivo, as funções exprimem-se com absoluta liberdade (em baixo).

4.
SINTAXE DA DECOMPOSIÇÃO QUADRIDIMENSIONAL

De Stijl, única tentativa de elaborar um código para a arquitectura moderna, defendeu uma operação rigorosa, generalizável. Se o problema consiste em desmanchar o bloco perspéctico, devemos primeiro que tudo suprimir a terceira dimensão, decompondo a caixa, dividindo-a em placas. Acabaram-se os volumes. Uma divisão? Não, seis planos: o tecto, quatro paredes, o pavimento. Despegando as junções, libertamos os septos, a luz penetra nos ângulos que antes eram escuros, o espaço anima-se. É o ovo de Colombo, mas é um começo decisivo para a liberdade arquitectónica. A cavidade continua a ser cúbica, mas, assim iluminada, tem um aspecto completamente diferente.

Continuemos o raciocínio. Os septos agora são independentes, podem afastar-se do perímetro da velha caixa, estender-se, levantar-se ou baixar-se, transpor os limites que até aqui separavam o interior do exterior. A casa, a cidade pode transformar-se num panorama de placas azuis, amarelas, vermelhas, brancas e negras, como sonhava Mondrian. Desmembrada a caixa, os planos já não reconstituirão volumes finitos, contentores de espaços finitos; pelo contrário, fluidificarão os ambientes, ligando-os e embutindo-os, num discurso contínuo. O imobilismo do classicismo é substituído por uma visão dinâmica, temporalizada ou, se se quiser, quadridimensional.

A sintaxe De Stijl poderia ter alimentado a linguagem durante decénios; das placas ter-se-ia passado para superfícies curvas, onduladas, de formas livres, ricas em inúmeras alternativas nos seus desdobramentos. Os arquitectos, porém, não perceberam, e abandonaram o código neoplástico sem o terem explorado.

A decomposição, no entanto, continua a ser uma invariante substancial da linguagem moderna. No complexo da Bauhaus, em Dessau, por exemplo, Gropius desarticula o volume em três corpos bem diferenciados: o dormitório, as salas de aula, o laboratório em vidro. De nenhum ponto de visão se consegue dominar o conjunto, é preciso caminhar: movimento, logo, tempo. Trata-se ainda, como sempre, do elenco. Destruída a compacidade de caixa, caracterizam-se as componentes funcionais do organismo, acentuando a distinção e a especificidade das mensagens individuais. Rejeita-se qualquer relação conectiva harmoniosa: as passagens entre os três corpos são grosseiras e brutais, para marcar a dissonância.

Gropius captou apenas metade da operação De Stijl, aventurando-se a fragmentar os volumes em placas. Os outros arquitectos compreenderam metade da operação Bauhaus. O método de decomposição do volume em corpos funcionais menores é largamente adoptado, principalmente nos edifícios escolares, onde é fácil separar o bloco de aulas dos do ginásio e da secretaria. Mas, em geral, procura-se «harmonizar» os três corpos, «proporcioná-los» uns com os outros, e ligá-los através de passagens «assonantes» – em resumo, classicizar o anticlássico. Como explicar que a dissonância é uma invariante fundamental da arquitectura, tanto quanto da música moderna? Condiciona a renovação semântica das formas, das palavras, dos sons, isto é, do elenco. Mas os arquitectos voltam a coser o invólucro logo depois de o terem descosido; e quando o bloco das salas de aula, o ginásio e a secretaria «se compõem» harmoniosamente, caímos de novo na visão perspéctica, com um ponto de visão privilegiado.

Loucura da proporção, outro tumor em que é preciso mergulhar o bisturi. O que é a proporção? Um dispositivo para ligar, numa relação vinculativa, porções heterogéneas do edifício. Neuroses da «síntese», possivelmente *a priori*. Se os fenómenos são diferentes e veiculam uma pluralidade de mensagens, para quê unificá-los por meio da proporção, obtendo uma única mensagem? Terror da liberdade e do crescimento, logo, da vida. Tal como em relação à simetria, sempre que virem um edifício «proporcionado», fiquem de sobreaviso: congela o processo vital, esconde uma falsificação e um desperdício.

Mies van der Rohe é o expoente máximo da sintaxe De Stijl: o seu pavilhão alemão na exposição de Barcelona de 1929 constitui a obra-prima desta poética. Placas de travertino, vidro, água, horizontais e verticais, placas que infringem a imobilidade dos espaços fechados e, saindo do volume, direccionam os exteriores. Era só um início: aqui os planos são todos ortogonais entre si, ao passo que se podia enriquecer o sistema, libertando-se do ângulo recto e tirando partido das oblíquas. Mas foi o início e o epílogo: a decomposição quadridimensional tornou-se divertimento superficial, experiência agradável e insípida em varandinhas, alpendrezinhos, móveis e objectos decorativos.

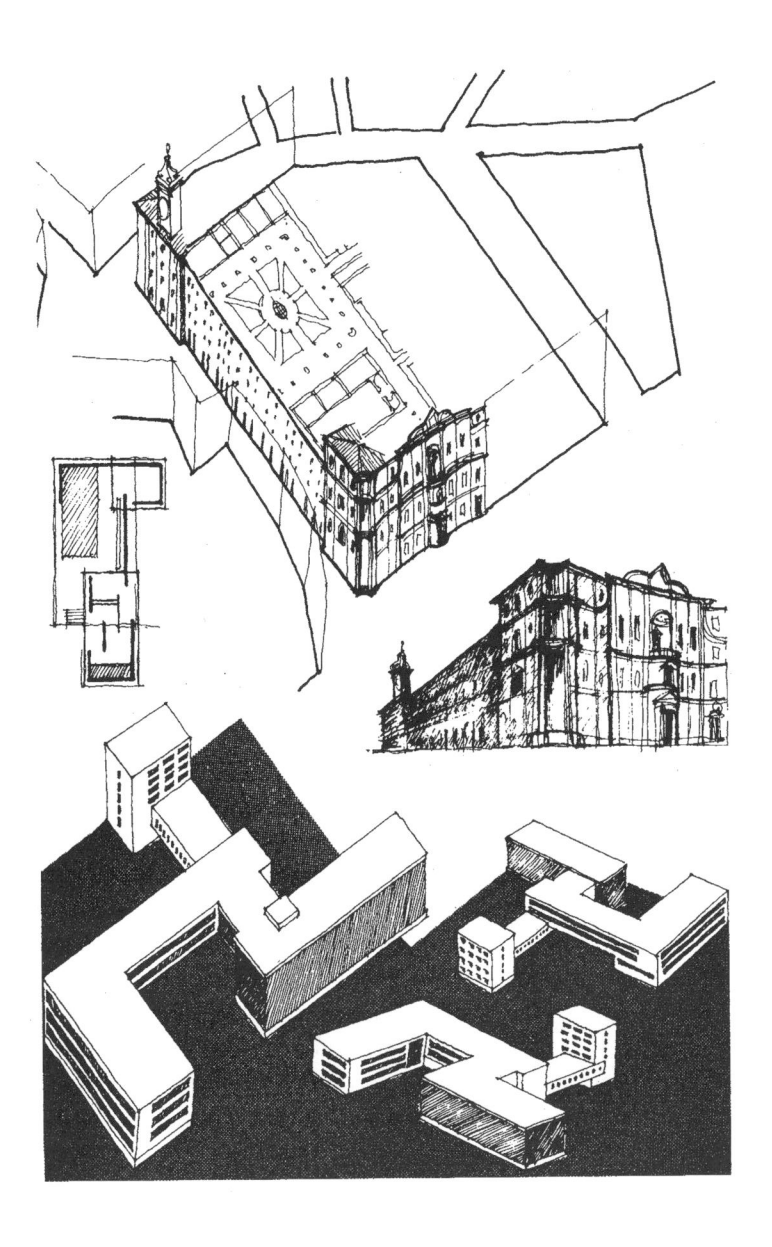

11. A decomposição do bloco volumétrico em prismas funcionais realiza-se no Convento dos Filipinos, em Roma, projectado por Francesco Borromini (ao alto), assim como na Bauhaus, de Dessau, concebida por Walter Gropius (em baixo). Mas Ludwig Mies van der Rohe, em Barcelona, decompõe o volume em planos (à esquerda, ao centro).

Porém, para evitar equívocos, é preciso abrir um parêntesis. O código moderno é aplicável em qualquer escala, desde uma cadeira a uma rede de auto-estradas, desde a colher à cidade. O arquitecto não tem o direito de renunciar, em caso nenhum. Se, para falar correctamente, aguarda a ocasião ideal e o comitente adequado, já abdicou. Um exemplo? Suponhamos um quarto, mesmo o mais tradicional e anacrónico. Comecemos a sarapintar os planos com seis cores: amarelo, vermelho, azul, branco, negro, x. Será que é o mesmo quarto? Agora, mudemos a disposição cromática: tecto negro, paredes azul, vermelho, branco, amarelo. Assim esmagado, o espaço parece mais amplo. Mas onde está a janela? Se quisermos mais luz, a parede que lhe está em frente será amarela ou branca; no caso inverso, azul ou vermelha, eventualmente negra. Pintemos os painéis por cima da porta e das janelas, até ao tecto, de modo que elas já não sejam buracos na parede, mas sim septos. E porque não usar linhas? Basta um gesto em diagonal para dinamizar um plano. E hoje o campo da supergráfica está à disposição de todos.

Dir-se-á: cosmética. Realmente, pode ter um papel corrector e protestatório. O código clássico está repassado de expedientes de cosmética: desde as colunatas inúteis até às janelas falsas. O moderno, pelo menos, adopta-os numa perspectiva provocatória, para apontar a exigência pungente de uma alternativa espacial.

Além disso, a cosmética moderna não custa e não esbanja, ao passo que a velha, entre simetrias, proporções, revestimentos a mármore, é proibitiva. Veja-se o palácio oitocentista da rainha Margarida, na romana Rua Véneto. Concebido em bases clássicas, precisava de um «cheio» majestoso no cimo, para que aí dominasse a cornija. Foi portanto construído um piso completo, inabitável porque não tem janelas, para esse único fim: não é impudico? Bom, depois da última guerra, os americanos compraram o palácio, para fazer dele a embaixada dos Estados Unidos. Descobriram o piso superior, quiseram aproveitá-lo, e furaram a cornija com uma série de frestas. Dupla loucura: embaixada real, com pretensões de *efficiency*. A linguagem moderna não permite realizar, nem sequer projectar, um edifício semelhante, e ainda menos um Vitoriano ou um Palácio da Justiça: nascida com propósitos sociais, psicológicos, humanos, tem horror às representações pomposas, super-estruturais. A arquitectura clássica custa muito: é simbólica, deve impor-se e asfixiar o cidadão.

O método da decomposição é, pois, uma invariante: mesmo quando o problema se prende com a reintegração, esta é válida na medida em que resulta do processo de decomposição. De outro modo, não é *re*integração, mas sim integração apriorística, clássica.

A quarta invariante não foi descoberta em 1917, por De Stijl. Observe-se o Convento dos Filipinos, concebido por Borromini: bloco enorme, desmembrado em sectores funcionais em relação aos espaços interiores e à cidade. Frente côncava que sorve o mundo exterior; à esquerda, um ângulo supremo, o mais extraordinário da história da arquitectura, atrai-nos para a ruazinha lateral; longa parede opaca, com aberturas quase episódicas, dissonantes; chegados à praça do Relógio, o alargamento urbano estimula o edifício a elevar-se numa torre, arranhando o céu com arabescos lineares de ferro forjado. Os textos «modernos» no passado superam os clássicos. A vida sempre decompôs, articulou, acrescentou ou subtraiu. A linha recta não existe, afirmava Delacroix. A simetria não é uma lei natural, constatam os cientistas. Analogamente, o classicismo não existe em arquitectura, a não ser nos manuais *Beaux-Arts* e nos edifícios que os copiam.

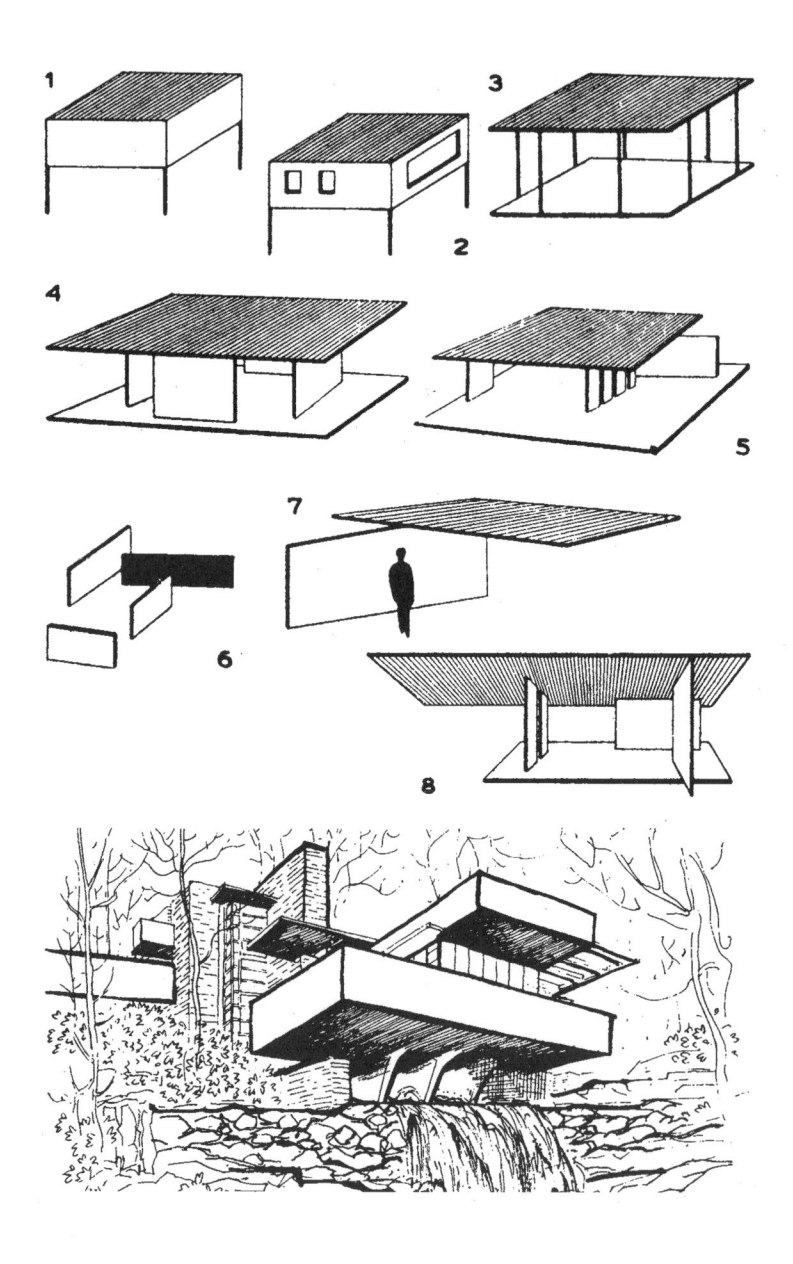

12. Oito esboços ilustrativos de um discurso sobre a participação de cada modinatura arquitectónica no jogo estrutural, desenvolvido por Frank Lloyd Wright. Em baixo: esboço de *Fallingwater* ou Casa sobre a Cascata, a residência Kaufmann em Bear Run, Pennsylvania, de 1936-39, que reúne todas as sete invariantes da linguagem moderna.

5.
ESTRUTURAS EM SALIÊNCIA, CONCAVIDADES E MEMBRANAS

«Agora vou mostrar-vos porque é que a arquitectura orgânica é a arquitectura da liberdade democrática... Temos aqui [página ao lado] a caixa arquitectónica (1): podem fazer-lhe uma abertura grande à direita, ou uma séria de aberturas menores à esquerda (2), como quiserem; ela continua a ser o invólucro de um pacote, uma coisa estranha a uma sociedade democrática... Eu aprendi engenharia suficiente para saber que os ângulos da caixa não constituem os pontos mais económicos para os suportes: esses pontos estão situados a uma certa distância das extremidades (3), porque assim criam-se pequenas saliências laterais que reduzem a luz das traves. Além disso, o espaço pode ser introduzido na caixa (4), substituindo o velho sistema do suporte e da trave por um novo sentido da construção, caracterizado pelas saliências e pela continuidade. Processo de libertação radical do espaço, que hoje se manifesta apenas nas janelas angulares, mas no qual reside a substância da passagem da caixa à planta livre, da matéria ao espaço... Avancemos. As paredes agora são independentes, já não encerram, podem ser reduzidas, dilatadas, perfuradas e por vezes eliminadas (5). Liberdade em vez de prisão; podem dispor as paredes-diafragmas como vos aprouver (6), pois o sentido da caixa fechada desapareceu. E ainda: se este processo de libertação é válido na horizontal, porque é que não havia de o ser também na vertical? Ninguém olhou o céu através da caixa precisamente naquele ângulo superior, porque ali estava a cornija, colocada justamente de maneira a que a caixa parecesse mais caixa... Eu retirei a opressão do encerramento em todos os cantos, no alto e dos lados (7)... O espaço pode agora explodir e penetrar nos lugares em que a vida é vivida, como uma sua componente (8)». Wright antecipa a sintaxe De Stijl e leva até ao fim a sua pesquisa linguística, partindo de considerações estruturais.

Raciocínio elementar, o dos suportes situados a uma certa distância das margens da trave; é compreensível até para uma criança. Mas, para quantos arquitectos? Olhem em volta: milhões de pilares colocados nas extremidades, de modo a obstruir o espaço com a sua armação estrutural. E os engenheiros? Salvo poucas excepções, são escravos dos preconceitos que simetrizam e proporcionam. A história da engenharia está a transbordar de compromissos. Exemplo clamoroso: a Torre Eiffel. Os quatro grandes arcos que parecem suportar o seu peso na base são falsos. O célebre engenheiro francês não ousou enfrentar o «escândalo» de construir a torre de acordo com as formas estruturais autênticas, quatro pilares reunidos no alto; era preciso respeitar o «estatismo visual» clássico, mesmo contradizendo a realidade. Por isso, aplicou uma trave grande e inútil em cada um dos lados e nelas fixou os arcos. Estes são sustentados, mas parecem sustentar: satisfazia-se, assim, os classicistas. Um típico desperdício, praticado numa obra de engenharia.

Codificar a linguagem moderna significa libertar das cadeias do classicismo não apenas os arquitectos, mas também os engenheiros, extinguindo o velho conflito entre técnica e expressão, e recuperando-os para a criatividade; hoje estão grandemente paralisados. Pense-se numa figura de prestígio internacional, Pier Luigi Nervi.

Depois da obra-prima dos hangares de Orbetello, magníficos pelo espaço encerrado, o volume arqueado, as soluções angulares que agitam a estrutura na paisagem, dá-se um retrocesso. Exposições de Turim: módulos em si esplêndidos, mas repetidos à velha maneira, e portanto incapazes de se concluir dos lados, onde encontramos uma ábside horrível, piorada pelas decorações pseudo-estruturais. Palácio do Trabalho, em Turim: uma enorme caixa ingrata, colunas em cimento armado dotadas até de canelados e capitéis de aço; só faltam as colossais estátuas faraónicas para fazer dele um templo egípcio. Sala das audiências pontifícias, no Vaticano: qualquer comentário seria supérfluo. Palácio do Desporto, na EUR: bolo cilíndrico do qual basta dizer que combina perfeitamente com o complexo de Piacenza. Palacete dos Desportos, na Avenida Ticiano: francamente melhor, mas em que é que se apoia a coroa de forquetas que sustém a cúpula? Um anel circular de betão pré-esforçado, verdadeira ligação estrutural do organismo, está escondido debaixo de terra. E depois, porquê esta mania das cúpulas? O simbolismo da cúpula prende-se com a divindade, com os ídolos, com as monarquias absolutas, com o monumento-templo, com o Estado ditatorial; no plano psicológico, com a segurança ou com a sua simulação, na medida em que a cúpula é a forma clássica por excelência, uniformemente simétrica e fechada. Nervi não se inspira nas cúpulas anticlássicas de Santa Sofia, em Constantinopla, ou de Santa Maria del Fiore, em Florença, mas sim no Panteão. Multiplica *tours de force* para reduzir a espessura do invólucro: onde o Panteão agrumula matéria, ele es-

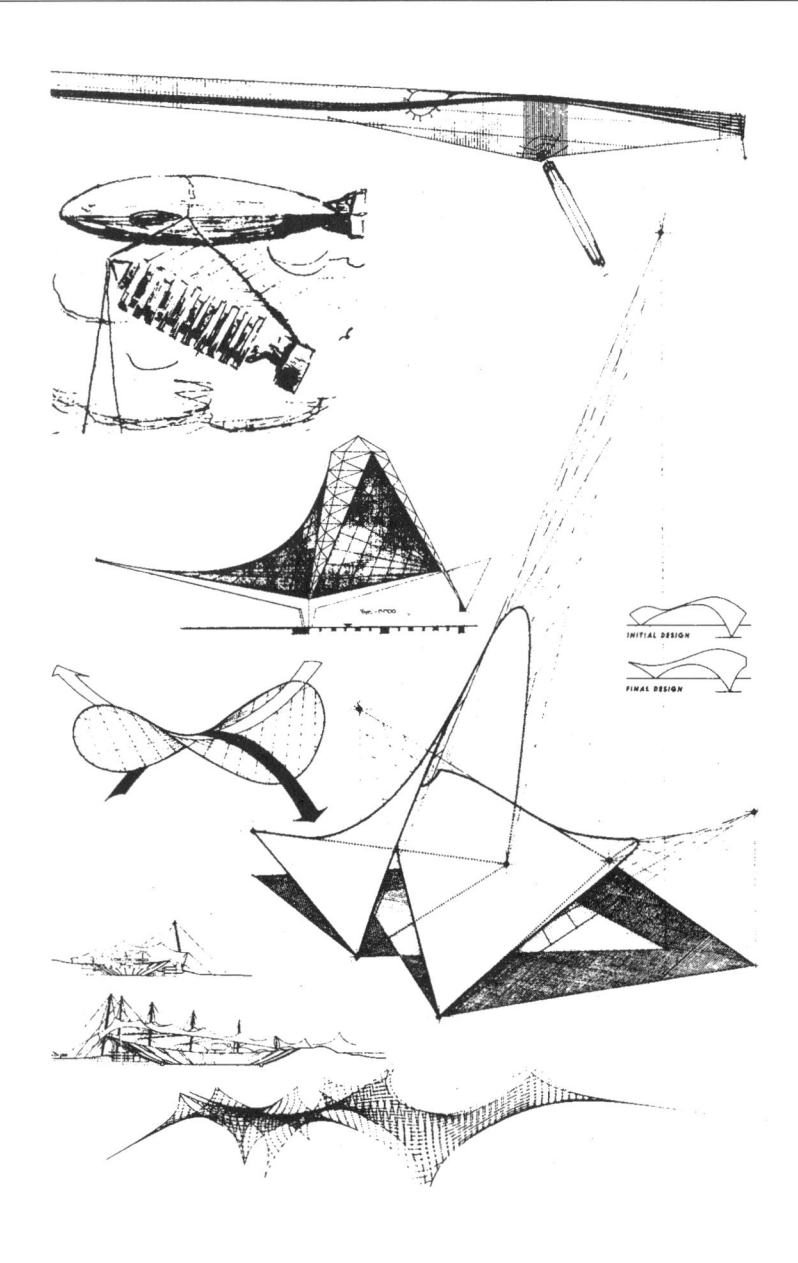

ESTRUTURAS EM SALIÊNCIA, CONCAVIDADES E MEMBRANAS

13. *Estruturas modernas*. Ao alto: secção do salão subterrâneo do automóvel, em Turim, projectado por Riccardo Morandi; transporte, por dirigível, de uma torre residencial idealizada por Buckminster Fuller. Ao centro: três parabolóides hiperbólicos de Félix Candela; à direita, coberturas côncavas de Eduardo Torroja. Em baixo: membranas de Frei Otto.

cancara uma série de janelas. O espaço, no entanto, fica bloqueado, sem diálogo com o mundo circundante: uma segurança sob a protecção dos ídolos clássicos é medo disfarçado.

O que foi que aconteceu a Nervi depois dos hangares de Orbetello? a sua criatividade esgotou-se? Basta observar as fábricas de papel Burgo, em Mântova, e inúmeros pormenores das próprias obras citadas atrás, para excluir essa hipótese. O motivo é mais simples e grave: quando fala arquitectura, fala latim, o código clássico que estraga a maior parte dos engenheiros. Quantos lhe são imunes? Riccardo Morandi, principalmente pelo salão subterrâneo do automóvel, em Turim; Buckminster Fuller, pelas cúpulas geodésicas aerotransportáveis, e pelos projectos de arranha-céus levíssimos; Eduardo Torroja, pelas coberturas do hipódromo de Madrid; Félix Candela, pelos parabolóides hiperbólicos; Frei Otto, pelas tensioestruturas transparentes; e muitos jovens que lentamente se vão libertando do código clássico, principalmente nos invólucros com cobertura côncava e membrana, em plástico ou com insuflados. Arquitectura e engenharia fundem-se nestas «tendas», o espaço plasma as estruturas e é formado por elas.

A invariante estrutural da linguagem moderna diz respeito, mais do que a membranas e coberturas salientes, ao princípio do envolvimento de todos os elementos arquitectónicos na orquestração estática. Sabe-se que a resistência de uma estrutura depende da forma e da tensão das curvaturas. Mas quantos é que têm isso em conta? Vejamos uma varanda vulgar: só a base trabalha, o parapeito não; daí o desperdício. Mas veja-se a célebre Casa sobre a Cascata. Parecia tão temerária nas suas saliências, que os operários se recusaram a desmantelar os andaimes, receando um desmoronamento. Enquanto os presentes sustinham a respiração, deitou-os abaixo Wright; também em engenharia falava a língua moderna, temperada em cometimentos que os conservadores e os académicos julgavam loucos e suicidas.

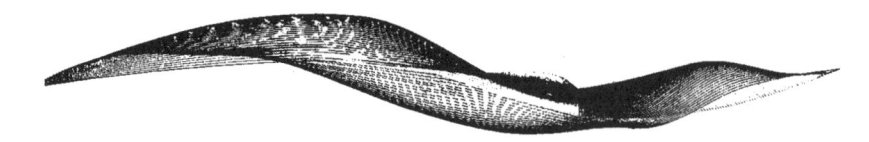

14. Superfície ondulada, desenhada pelo computador da Aerospace Division of the Boeing Company. Seria quase impossível configurá-la com os rígidos instrumentos do arquitecto, régua e esquadro, compassos e máquina de desenhar. O computador estimula a invenção de formas, enriquecendo o léxico, a gramática e a sintaxe arquitectónicas.

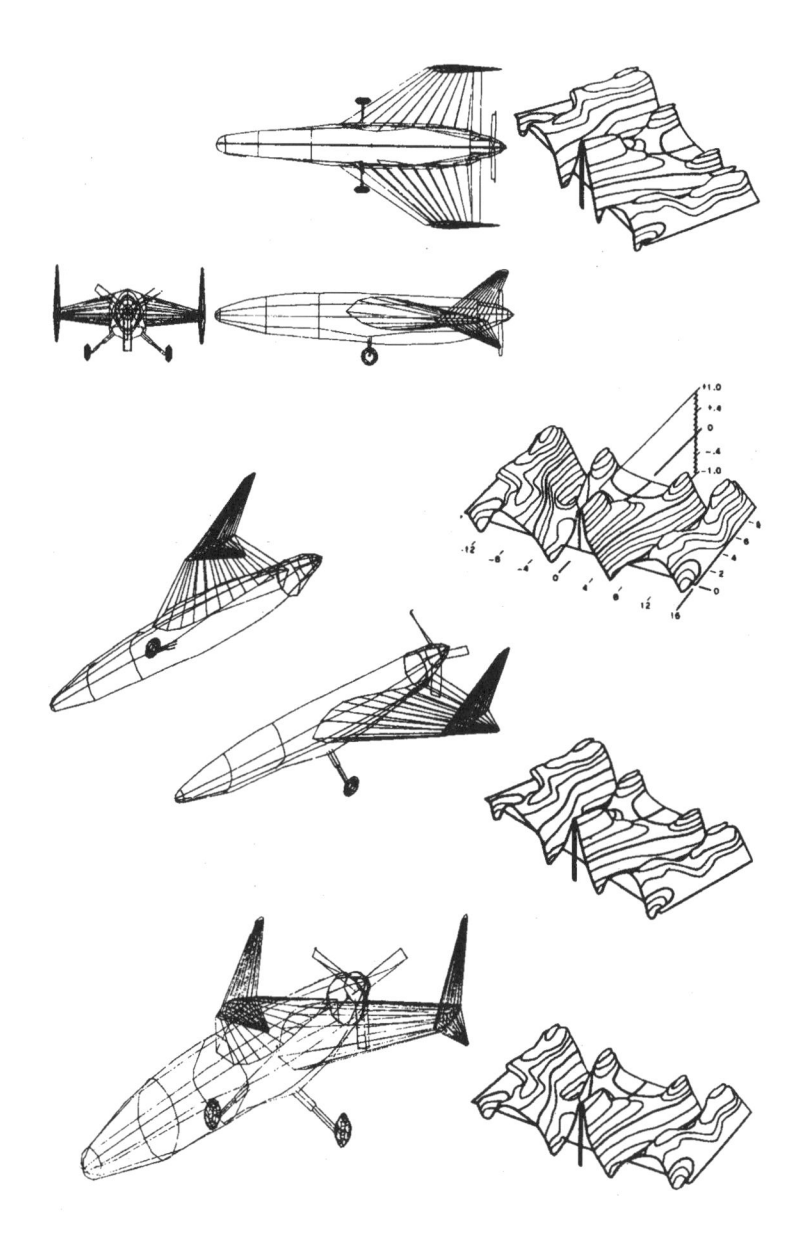

15. Gráficos executados pelo computador da Airplane Division of the Boeing Company. Demonstram como é fácil representar um mesmo objecto de inúmeros pontos de vista, por meio de simuladores accionados pelo computador. Graças à previsão tecnológica, a fantasia arquitectónica obterá uma confirmação imediata das suas hipóteses.

A ciência, no campo da construção, vegeta numa fase antediluviana. Organismos enormes, como os transatlânticos, flutuam, mas os edifícios urbanos pesam a um nível absurdo. Um imponente capital de experiências de construção não é posto a render. Diz Sergio Musmeci: «a carência de previsão tecnológica é causa da actual crise da arquitectura e impede-a de se tornar verdadeiramente moderna. O historicismo deve ser integrado por uma inversão do passado para o futuro; o problema da futuribilidade das formas é actualmente inadiável». Instigação à utopia? Pelo contrário, apelo ao uso dos computadores, que solucionam a temática estrutural e tecnológica, incluindo a das instalações, com rapidez e exactidão até agora inatingíveis. O computador difunde-se; dentro de poucos anos, o engenheiro, tal como o conhecemos, mergulhado em cálculos tão misteriosos como aproximados, desaparecerá. Teremos estruturas finas, muito leves, desmontáveis e, portanto, transferíveis. Talvez não «vamos para o escritório» e não «regressemos a casa»: carregando num botão, a casa ou o escritório, suspenso de um helicóptero, virá ter connosco, pousando onde nós quisermos.

A revolução tecnológica coincide com a linguística. O computador permite simular a realidade arquitectónica, não estaticamente, como a perspectiva, mas em todos os aspectos visuais e comportamentais. Fazemos experiências com o ambiente, as suas dimensões, a luz, o calor, os percursos. O simulador gráfico desenha plantas, secções, projecções verticais, permite-nos caminhar no edifício e na cidade, põe em confronto imediato infinitas soluções alternativas. Obviamente, não

16. Caricatura da profissão de arquitecto depois da chegada do computador, publicada no *Haia Journal*. O arquitecto, perfeitamente descontraído, transmite os frutos da sua imaginação a uma secretária, que os transcreve no computador. A maquinaria põe-se em movimento, e um robô constrói o edifício em três dimensões.

garante que os arquitectos falem em linguagem moderna, mas oferece-lhes a possibilidade de o fazer, até agora entorpecida pelos próprios instrumentos usados para projectar: a régua em T, o esquadro, os compassos, a máquina de desenhar. Além disso, o computador torna democráticos os trâmites projectuais: o utente poderá controlar em qualquer momento a criação da sua casa, «vê-la-á», aliás, «viverá» nela antes que esteja construída, poderá escolhê-la e alterá-la. O hiato que persiste, pelo menos desde o Renascimento, entre arquitecto e arquitectura será finalmente preenchido. Outro tanto sucederá com a separação entre espaços e modinaturas estruturais. Leiam as reflexões de John Johansen sobre a arquitectura da época electrónica: entre os «temas» aqui incluídos é, mais do que todos, revelador.

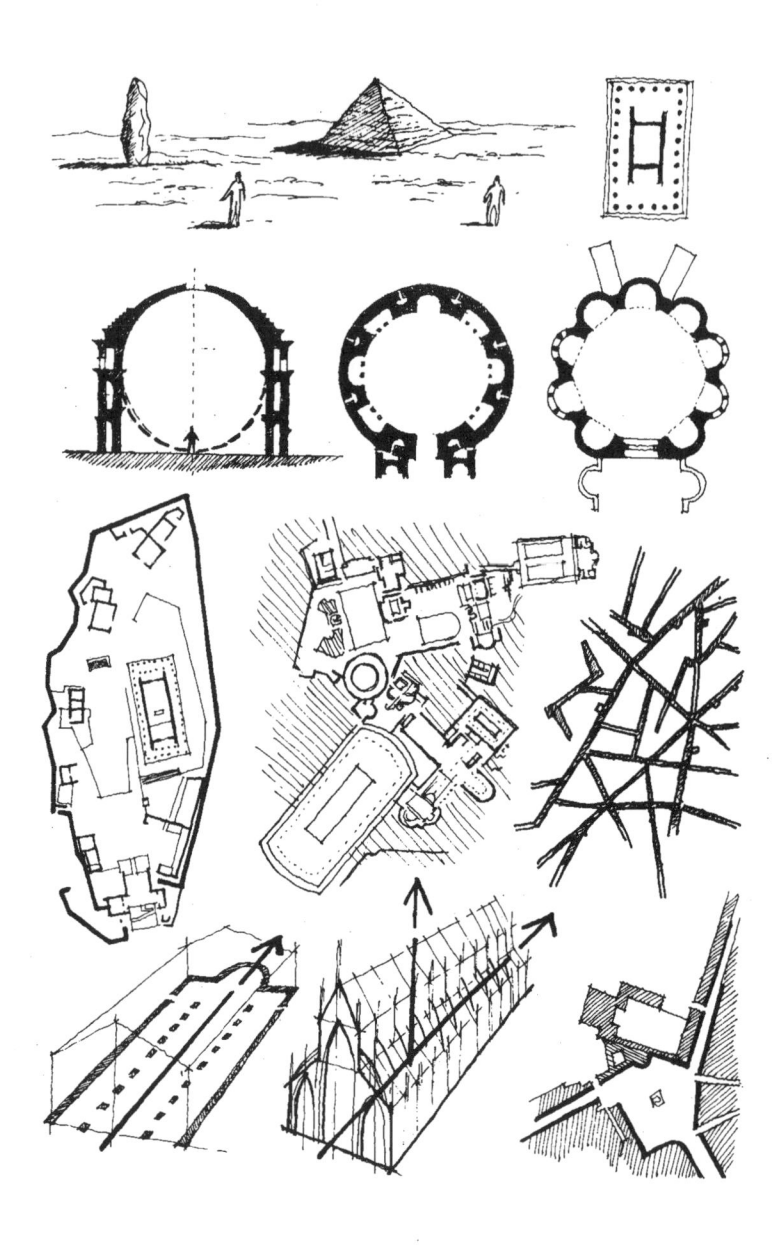

17. «Cheios»: um menir, uma pirâmide e um templo grego (ao alto). Espaço interior: Panteão e Minerva Médica (segunda barra). Percursos: Acrópole de Atenas, *Villa* Adriana, catacumbas (terceira barra). Monodireccionalidade paleocristã, bidireccionalidade gótica, movimento barroco na praça do Quirinal, em Roma (em baixo).

6.
TEMPORALIDADE DO ESPAÇO

A história da arquitectura está sulcada de momentos desbaratados, arranques para a frente e recuos precipitosos. Arranca Miguel Ângelo; todos o elogiam, ninguém o segue. Arranca Borromini; é isolado em vida e depois imediatamente esquecido. Arranca, depois da revolução de Outubro, o construtivismo; Estaline, como bom classicista, congela-o. Arranca Wright; quais são os sinais wrightianos na nossa paisagem?

Compreende-se porque é que tantos abdicam. Sair do seio da academia é penoso. No máximo, chega-se a um compromisso, a pior solução. Se alguém tivesse a coragem de proclamar: «quero falar em grego antigo», as pessoas podiam considerá-lo demente, mas na verdade sê-lo-ia muito menos do que aqueles que falam em grego antigo desconhecendo o seu léxico e a sua sintaxe, agramaticando. Um único arquitecto procurou e encontrou a arquitectura na Grécia Antiga, sem os antolhos *Beaux-Arts*: Charles-Edouard Jeanneret – Le Corbusier depois do banho nas águas helénicas. Querendo de facto falar em grego antigo, formular-se-iam as suas invariantes: antiperspectiva, nenhum alinhamento ou paralelismo de volumes, extinção da simetria em nome dos Propileus, veto ao classicismo em nome do Erecteu. São invariantes da arquitectura moderna? Lógico: para nos emanciparmos do condicionamento perspéctico, vamos às civilizações pré-perspécticas, geralmente à Idade Média, mas, no caso de Le Corbusier, à Grécia. Pense-se na *Villa* Adriana, em Tivoli: fala a língua clássica, ou aquela que a esta se opõe diametralmente, com os seus corpos articulados por charneiras espalhando-se na paisagem? «O mundo clássico»: uma abstracção insensata; parece paradoxal, mas é, quase por completo, anti-clássico.

Espaço temporalizado. Eis, telegraficamente, o âmago da questão: foram necessários milénios para que o homem se apoderasse do espaço. O tempo foi experimentado apenas num brevíssimo período e em situações excepcionais: nas catacumbas. Serão precisos séculos, talvez milénios, para que o homem alcance a noção dinâmica, temporal, do espaço.

Cada um, para se tornar moderno, deve reviver em si as etapas da história. Não existem espaços interiores criativos anteriores ao Panteão; há vazios, resíduos negativos, não preenchidos. O homem primitivo tem o terror do espaço. O seu monumento é o menir, uma «pedra alta», verticalmente erecta, um «cheio» no deserto sem fim. O Oriente antigo multiplica os sólidos, desde as pirâmides aos templos em cujas salas hipostilas o espaço é usurpado por enormes colunas. O templo grego humaniza o volume mas ignora o espaço. A ideia de usar a realidade não táctil como instrumento arquitectónico realiza-se no Panteão: espaço todavia temeroso, encerrado entre muralhas gigantescas, sem contacto com o exterior, iluminado apenas por um óculo central que tinge de claro-escuro a cúpula poligonada para transmitir segurança através da presença de uma matéria cheia, profunda. Decorrem séculos antes que o homem admita um diálogo entre cavidade e cidade; temos de chegar ao antigo tardio, ao templo de Minerva Médica. E o *continuum* confirma-se um milénio depois, nas catedrais góticas.

Há uma época em que o mundo físico é condenado, em que se admite a existência de um «além» e se vive, por isso, desprezando os valores terrenos. Nesse momento, o espaço é reprimido: sob as cenografias estáticas e monumentais da Roma antiga, escava-se no hipogeu da morte. O tempo triunfa, nasce a arquitectura de percurso, unicamente percurso, sem meta: a prescrição bíblica numa perspectiva metafísica, transcendental, coincidente com o suicídio. Durou pouquíssimo. A igreja, mundanizada, estabelece acordos com o poder político-administrativo. O tempo encontrou a espacialidade da tradição greco-romana. Salvou-se o percurso ao longo da basílica, do nártex à ábside, mas bem depressa todos os elementos sólidos, de ambos os lados, se organizaram classicamente, unidireccionando-o. Só na catedral gótica temos o contraste entre duas directrizes: uma longitudinal, fisicamente percorrível, e outra vertical, que assinala um percurso ideal, em direcção ao céu.

A temporalidade é reduzida no Renascimento. Predomina o espaço puro, o objecto auto-suficiente, o edifício de estrutura cêntrica. A furiosa batalha acerca de São Pedro tem a ver com a estase e o percurso, a reforma e a contra-reforma. O esquema de Miguel Ângelo é massacrado para dar lugar a uma basílica «convincente». Borromini retoma-o em Sant'Agnese, na praça Navona, e em Sant'Ivo demonstra o inacreditável: as virtualidades dinâmicas de um espaço centralizado. Grito imediatamente reprimido.

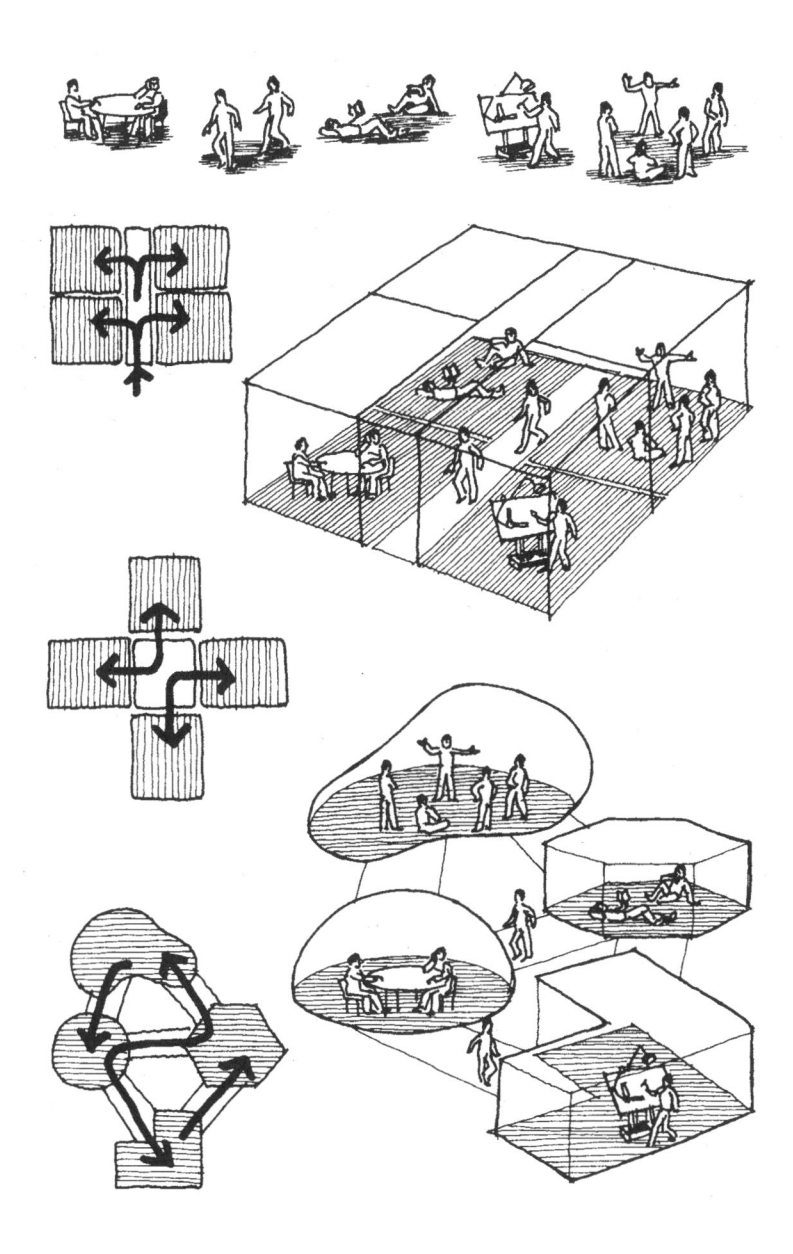

18. Arquitectura sem edifícios: o projectista deve estudar durante muito tempo as funções humanas, sem se preocupar com o modo de as compartimentar (ao alto). Deve, no entanto, evitar comprimi-las num prisma unitário ou numa série regular de prismas (ao centro). A linguagem moderna adapta os espaços às funções e aos percursos (em baixo).

A concepção bíblica da vida aponta para o percurso e para a mudança. A greco-romana para o espaço estático. O cristianismo faz de medianeiro entre essas duas posições, apoiando-se em equilíbrios dúbios: o percurso é polidireccionado no plano da Roma sistina e nas articulações da cidade barroca. Depois, a hibernação neoclássica.

Sexta invariante da linguagem moderna: o espaço temporalizado, vivido, socialmente fruído, próprio para acolher e realçar os eventos. Envolvidas no espaço temporalizado, as cinco primeiras invariantes assumem uma nova densidade. O elenco é a sua premissa. A assimetria e as dissonâncias, elementos indispensáveis, pois perante um edifício simétrico ninguém se move, olha-se para ele e chega. A antiperspectiva, outra consequência; temporalizar significa deslocar o ponto de vista incessantemente. A metodologia decompositora e as estruturas em saliência são instrumentos destinados a temporalizar, fragmentam a caixa, mordem-lhe os ângulos.

Temporalizar o espaço. Como? Um dos meios é indicado por Louis Kahn: separando a arquitectura de percurso dos espaços de chegada. Um corredor: quem o concebe com paredes paralelas, como um prisma estático, não entende o *abc* da arquitectura. Estáticos não devem ser sequer os espaços de chegada, a sala de estar, o escritório e os quartos de cama, para favorecer os convívios, a tensão intelectual, o despertar depois do torpor. A vida é sempre assaltada por acontecimentos; procura-se graduar o seu dinamismo, mas não é possível, em caso nenhum, reduzi-lo a zero. Em qualquer divisão se efectuam percursos, penetra-se nela, atravessa-se, sai-se: tudo isto deve ser previsto, configurado, arquitectado. O que é a planta livre, o princípio da flexibilidade, a eliminação das divisórias fixas, a fluência de um ambiente para o outro? Um modo diferente de exprimir a temporalidade. Na *Vila* Savoye, de Poissy, o volume, desde o chão até ao telhado-jardim, é cortado por uma rampa visível de qualquer ponto. Le Corbusier chamou-lhe «*promenade architecturale*»: uma arquitectura para passear, de percurso.

As escadas são, sem dúvida, percursos, mas em 99% dos casos são encolhidas em tubos verticais. No pavilhão suíço da universidade parisiense, saem para fora do volume, e são acariciadas por uma encantadora parede «em mão livre». Um exemplo mais avançado: as escadas fundidas com os corredores, espaços e volumes de animação que serpenteiam nos dormitórios do MIT, de Aalto. Outro arranque, uma arquitectura inteiramente de percurso? O Museu Guggenheim de Nova Iorque, itinerário contínuo, «*promenade*» helicoidal extrovertida.

Norris Kelly Smith afirma que, com Wright, o pensamento bíblico entra pela primeira vez no campo arquitectónico, dominado durante dois mil anos pelas concepções greco-romanas. É certo que, não tendo passado por uma educação *Beaux-Arts*, ele fez um esforço menor para se libertar do classicismo. Além disso, odiava a metrópole, as instituições burocráticas, a autoridade, o poder, conservava o orgulho pioneirista do indivíduo. Em Taliesin, no Wisconsin, e em Arizona, vivia em contacto com a natureza, intuía e estudava o tempo. Aliás, não se coloca uma casa sobre a cascata se não se adquiriu a consciência do fluir. No Guggenheim, uma linha contínua de vidro insere-se na espiral, para que os quadros sejam iluminados por um doseamento de luz exterior e luz artificial: temporaliza a passagem da cidade ao museu e vice-versa. O espaço interior muda de tom a cada hora, em cada estação.

19. Frank Lloyd Wright, do elenco à reintegração. Ao alto: axonometria das casas Martin e Barton, construídas em Buffalo, N.Y., em 1903-1904, de acordo com uma metodologia que articula corpos individuais funcionais. Em baixo: esboço do Museu Guggenheim, em Nova Iorque, de 1946-59, espiral extrovertida sobre a metrópole.

Temporalizar. Onde? Em qualquer parte. Como? De inúmeras maneiras. Pensem nos pavimentos: é admissível que o chão de um corredor seja igual ao de uma sala de estar, de um quarto de banho, de um escritório ou de um quarto de cama? Isto é, que a velocidade do percurso e a sua maleabilidade sejam as mesmas em ambientes com funções completamente diferentes? Quem é que estabeleceu uma regra tão insípida? O classicismo. Com que fundamento? Os textos clássicos, certamente, não, pois revelam uma suprema sensibilidade tópica dos percursos: a acrópole ateniense é caracterizada por um terreno rochoso, irregular, que determina um caminho lento, arquitectonicamente calculado. Cada ambiente devia ter um pavimento diferençado: duro, macio, saibroso, liso ou intransitável, inclinado, seja como for desde que calculado. O evento, diz Einstein, deve ser localizado, não apenas no tempo, mas também no espaço. Ideia revolucionária, que deve ser sempre assimilada na arquitectura. Traduz-se nesta variante: projecto aberto, constantemente em vias de nascer, temporalizado, não acabado.

7.
REINTEGRAÇÃO EDIFÍCIO-CIDADE-TERRITÓRIO

Se a metodologia do elenco constitui a primeira variante da linguagem moderna, logicamente a reintegração é a última delas; no meio, cinco invariantes que poderiam transformar-se em cinquenta se se passasse do nível básico a uma análise alargada do léxico, da gramática e da sintaxe arquitectónicas.

O elenco desintegra o bloco, enumera os elementos sem os classificar, volta a semantizá-los nos seus dados específicos, nas mensagens peculiares afogadas pelo classicismo nas «ordens» e nas sequências proporcionais. As sucessivas invariantes corroboram o elenco destruindo os tabus da simetria, dos traçados geométricos, das estruturas perspécticas, decompondo o volume em placas, libertando-lhe os ângulos no plano estrutural, temporalizando o espaço; mas, actuando deste modo, estimulam a uma reintegração dos elementos que constituem o elenco. A própria planta livre é uma etapa da via reintegradora, porque postula a máxima comunicação e fluência entre os ambientes, unificando-os. No entanto, não se trata da síntese classicista, estática, *a priori*; trata-se, aliás, precisamente do seu oposto, de uma unidade dinâmica que recupera o movimento, conciliando o espaço com o tempo. É certo que fisicamente se caminha também num edifício clássico, mas o homem tem sempre a impressão de ser aí um estranho ou incompatível: aqueles espaços não foram configurados para ele, mas sim para simulacros imóveis. Sumptuosidade sepulcral.

O princípio da reintegração vertical foi investigado por Adolf Loos no *Raumplan*, encaixe de células espaciais a alturas diversas, multiplicando a superfície habitável e, portanto, economizando e aumentando os valores simbólicos. A zona de serviços ou a de dormir pode ser mais baixa do que a sala de estar? Desfrutemos da diferença em altura para conquistar outros espaços fruíveis, íntimos, originais, acessíveis por meio de poucos degraus. Máxima fantasia no desnivelamento = máxi-

A LINGUAGEM MODERNA DA ARQUITECTURA

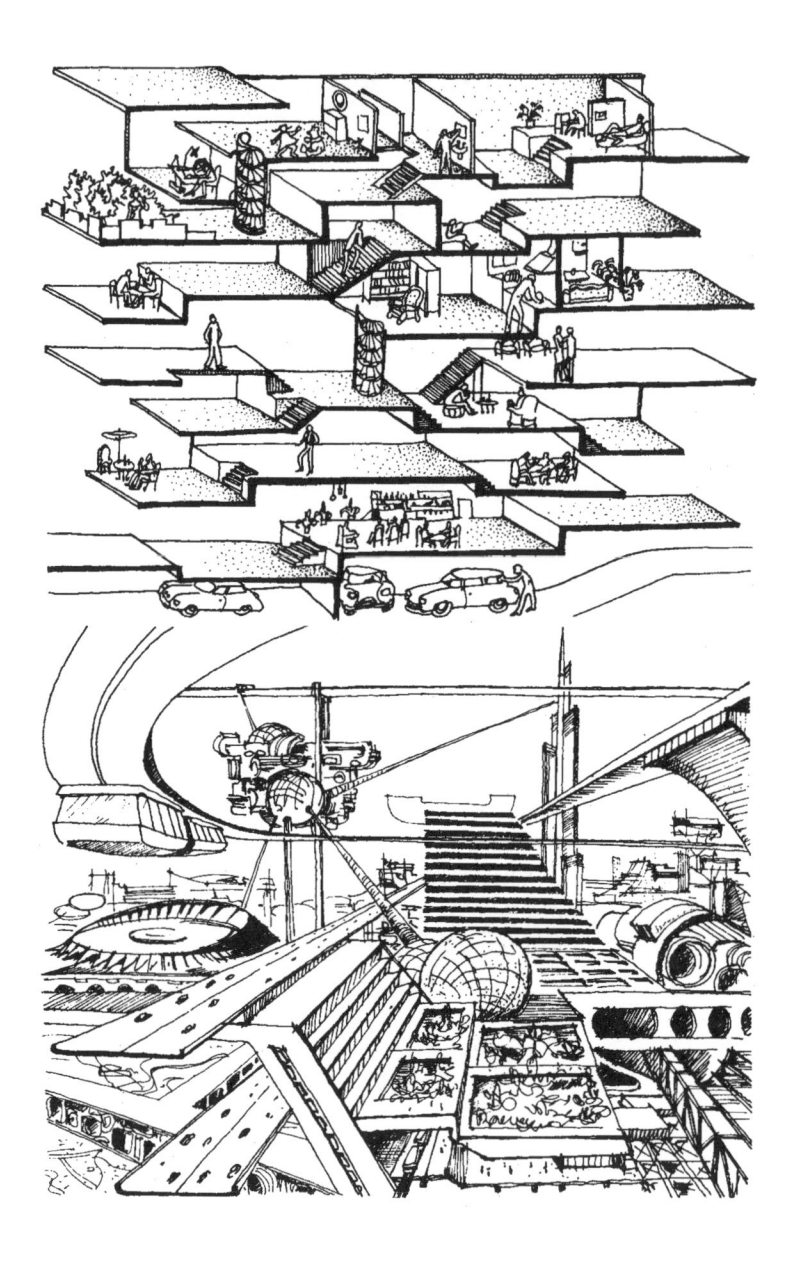

20. *Raumplan* e reintegração. Ao alto: os pisos desnivelados quebram a sobreposição mecânica dos planos, garantindo a cada divisão uma altura funcionalmente adequada, sem desperdícios. Em baixo: uma visão urbana que reintegra equipamentos colectivos, residências, ruas e parques e rede de transportes, jogando com uma pluralidade de níveis.

ma economia de espaço. No palácio romano Littorio, na Farnesina, inconcebivelmente concluído como sede do Ministério dos Negócios Estrangeiros, há latrinas com sete metros de altura, como os mais amplos salões: deviam dirigir-se ali, para as suas exigências viscerais, gigantes enormes ou *duci* em cima de andas com pelo menos 5 metros; em vez disso, são usados por homúnculos que, naquelas retretes imperiais, fazem uma péssima figura. Esquizofrenia do classicismo.

Reintegração horizontal e vertical, percursos polidireccionados, já não esquadrejados em ângulo recto, mas sim curvilíneos, oblíquos, inclinados. Este princípio projecta-se para além do edifício, reintegra-o na cidade. Fraccionado o volume em placas depois novamente montadas em sentido quadridimensional, as fachadas tradicionais desaparecem, desmoronam-se todas as distinções entre espaço interior e exterior, entre arquitectura e urbanismo; da fusão edifício-cidade nasce a *urbatectura*. Acabam-se os blocos ocupados por edifícios e os blocos vazios das ruas e espaços abertos; desintegrada a sua textura, a paisagem é reintegrada. Superando a velha dicotomia cidade-campo, a *urbatectura* espalha-se no território, enquanto recortes da natureza penetram no tecido metropolitano. Cidade-território, em vez de agregados apinhados, poluídos, caóticos, homicídios de um lado e campos desolados, ao abandono, do outro.

Utopia? Só enquanto for uma vaga aspiração. Se se tornar língua falada no *design*, na decoração, na vossa sala, nos edifícios a qualquer escala, adquirirá uma força explosiva. Os arquitectos e todos os que se interessam pelo *habitat* disporão de uma arma revolucionária, não em sentido genérico, a montante e a jusante da arquitectura, mas explosivo, graças à arquitectura. Se falarmos a linguagem moderna, os casos são dois: ou permitem que nos expressemos, ou teremos de remover os obstáculos que no-lo impedem. Luta contra a censura. A especulação imobiliária proíbe que se fale? Temos de combatê-la com um vigor proporcional à língua *urbatectónica*; seremos mais fracos se imaginarmos que, uma vez colectivizado o uso do solo, nada muda em termos de censura arquitectónica, como na URSS.

Também esta última invariante, como é óbvio, tem bases funcionais. Depois de ter elencado e decomposto as funções do edifício, do bairro, da cidade, do território, é preciso repensar as suas relações. Porque é que uma escola deve constituir uma estrutura distinta, em vez de se fundir com o centro social, as repartições administrativas locais, os edifícios, os gabinetes profissionais, as residências? Está certo separar as habitações das zonas recreativas e dos núcleos comerciais, ou não se deve favorecer uma interpenetração das funções? Pense-se nas universidades, em tempos constituídas por tantas faculdades separadas,

A LINGUAGEM MODERNA DA ARQUITECTURA

place it

support it

connect it

21. John Johansen, do elenco à reintegração. Parte-se das componentes básicas do Mummers Theater, em Oklahoma City, dispondo-as no terreno (*place it*). Prossegue-se com as estruturas (*support it*) e com os tubos das comunicações (*connect it*), para obter um edifício-cidade em diálogo com o ambiente.

cada uma delas dotada de um edifício próprio, da sua aula magna, da sua biblioteca: hoje, a cultura interdisciplinar leva a quebrar o seu isolamento. Aliás, as universidades devem estender-se em oásis afastados da cidade, como os velhos *campus* ingleses e americanos, ou invadir, espalhando-se por todo o lado, o perímetro do *habitat* e dos locais de trabalho?

Também as ruas são reintegradas. A meia altura da unidade de habitações, em Marselha, Le Corbusier inseriu uma série de lojas, reintegrando a actividade comercial na residência; aos corredores chamou *rues*, ruas interiores. Mas porque é que os canais viários da cidade não podiam correr ao nível do décimo, do quinquagésimo piso, pairando

22. *Bricolage* de células residenciais no Habitat'67, em Montreal, projectado por Moshe Safdie. Ao alto: duas caricaturas do Habitat, executadas por Ting e Daigneault. Em baixo: um esboço de Louis Kahn que, criticando a rigidez do formato caixa das células, propõe uma sua montagem livre, «como folhas nos ramos de uma árvore».

entre os arranha-céus, arquitectando o céu? Inúmeros projectos utópicos apresentam estas novas imagens urbanas, e vários exemplos realizados prefiguram-nas.

O edifício da Ford Foundation, em Nova Iorque, tem um parque interior coberto, para o qual dão os escritórios. Em Roma, o palacete na Rua Romagna reintegra a função comercial (lojas), a direccional (escritórios) e a habitacional (residências), sobrepondo-as. O Mummers Theater, em Oklahoma City: pedaços e circuitos, escombros e tubos, *action-architecture*, como demonstram os esboços de Johansen. O Habitat'67, em Montreal, amontoa células encaixando o espaço arquitectónico no urbano e tem ruas a todos os níveis; se fosse ampliado poderia agregar em altura escolas, hospitais, praças, jardins e parques; *bricolage* que Louis Kahn desejaria liberto da geometria, flutuante. Macro-estruturas inadiáveis, a menos que se resolva o problema demográfico com uma guerra nuclear, mas não aterrorizantes; pelo contrário, confortáveis e vívidas, tão excitantes nos seus espaços colectivos quanto íntimas nos privados.

Reintegração cidade-campo, portanto, arquitectura-cenário natural. A psicanálise e a antropologia ensinam que o homem, no decurso da civilização, perdeu alguns valores essenciais: a unidade do espaço-tempo, a componente nómada, errante, a alegria de vaguear sem constrangimentos perspécticos. Devemos, podemos recuperá-los: as comunidades *hippies*, a revolta juvenil contra a sociedade consumista, a cidade magmática e perversa, as instituições repressivas são sintomas dessa urgência de anulação cultural. No entanto, anula-se indo em frente, oferecendo alternativas concretas, adoptando a linguagem moderna que permite expressá-las; de outro modo, encalhamos nos protestos românticos, ancorados no zero.

Queremos exemplificar, como sempre, com coisas tangíveis, comprováveis; as extrapolações à escala da cidade-região e de territórios urbanizados, o leitor pode fazê-las sozinho. O que significa integrar a arquitectura na natureza? Entrem numa caverna ou numa gruta natural, talvez o refúgio do homem pré-histórico. Caminha-se sentindo o terreno, gozando o terreno, felicidade perdida com as nossas ruas asfaltadas e os nossos pavimentos lisos. O tecto não é esquadrado, continua nas paredes curvas e ásperas, que se prolongam no solo. A luz, batendo nos penhascos rochosos ou aflorando a abóbada, atinge efeitos mágicos, impressionantes, que mudam em cada hora. Se se tratar de grutas marítimas, a luz é reflectida pela água, depois de se ter colorido nas suas profundezas, move-se com as ondas, regista o céu sereno ou nublado, transmite os ventos. Valores esquecidos, que a linguagem moderna redescobre. Na capela do MIT, Eero Saarinen aclarou o espa-

REINTEGRAÇÃO EDIFÍCIO-CIDADE-TERRITÓRIO

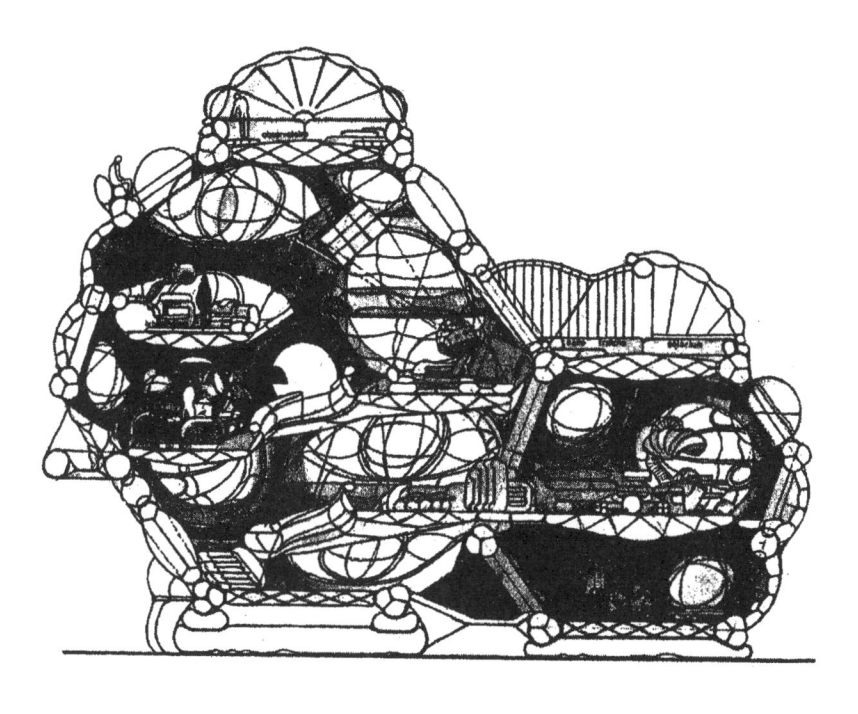

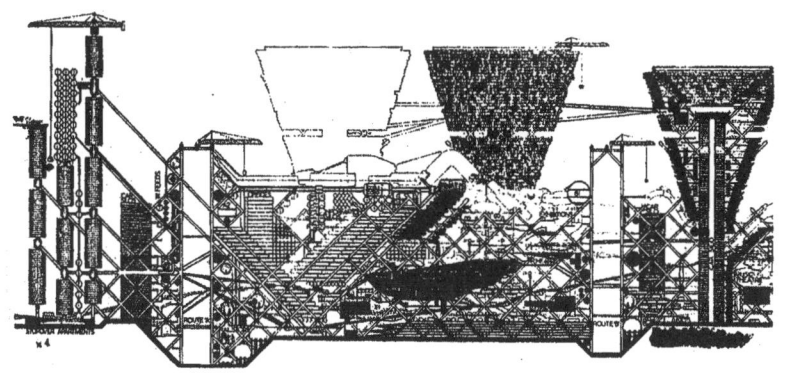

23. Ao alto: recuperação dos valores tácteis e figurativos das cavernas pré-históricas, num edifício comunitário com estruturas pneumáticas, projectado por J.P. Jungmann, do grupo francês *Utopie*. Em baixo: cenário de reintegração urbana, com macro-estruturas e tubos de comunicação, proposto pelo grupo inglês Archigram.

ço com luz trémula, reflectida na água; expediente de sabor decadentista, e no entanto indicativo. A reintegração arquitectura-natureza tem de ser realizada cientificamente, com base em estudos antropológicos, sociológicos e psicanalíticos; o código moderno pede-o.

Do elenco à reintegração: sete invariantes testemunham contra a idolatria, os dogmas, as convenções, as frases feitas, os lugares-comuns, a superficialidade humanista, os fenómenos repressivos seja como for que se manifestem, seja onde for que se escondam, na consciência ou no inconsciente. A nova língua «fala-nos», dos futuríveis à pré-história, desprovida de misticismos; nela confluem a ideia de Moisés e a palavra de Aarão.

8.
ARQUITECTURA NÃO-ACABADA E *KITSCH*

Duas teses que se confrontam: o grito iconoclasta de Friedrich Hundertwasser e as reflexões amarguradas do Mr. Sammler, de Saul Bellow.

Afirma o primeiro: «Todos os homens têm o direito de construir como querem. Hoje, a arquitectura é alvo de uma censura idêntica àquela que atinge os pintores na URSS. Cada pessoa devia poder construir as quatro paredes entre as quais vive, assumindo a responsabilidade por elas. A arquitectura actual é criminosamente estéril. Isso resulta do facto de o processo construtivo parar quando o utente entra na sua habitação, quando na verdade devia ter início precisamente nessa altura, e desenvolver-se como a pele à volta de um organismo humano». Portanto, arquitectos para a fogueira e restituição das suas tarefas e privilégios ao povo, aos consumidores.

Mr. Sammler está muito mais indeciso acerca da espontaneidade criativa: «Pois bem, uma espécie louca? Sim, talvez. Embora a própria loucura seja também uma mascarada. O que fazer? Sem sair do âmbito dos histriões, ver, por exemplo, o que tinha feito aquele louco furioso, agitador do mundo, que era Marx, insistindo em que as revoluções se faziam em trajes históricos, os cromwellianos à maneira de profetas do Velho Testamento, os franceses em 1789 disfarçados de antigos romanos. Mas o proletariado, disse, declarou, afirmou ele, faria a primeira revolução não imitadora. Não teria necessidade da droga da memória histórica. Da pura e simples ignorância, do desconhecimento de qualquer modelo, despontaria a coisa pura. A originalidade dava a volta à cabeça também a ele, como a todos os outros. E só a classe trabalhadora era original... Oh, não. Não, não, de modo nenhum». A sociedade proletária de Estaline copiara a arquitectura da autocracia e do despotismo; no Ocidente, os contestadores globais «eram claramente derivados. Do quê? Dos Paiutes, de Fidel Castro? Não, dos comparsas de Hollywood. Faziam o papel de míticos...

Muito melhor aceitar a inevitabilidade da imitação e depois imitar coisas boas... Grandeza sem modelos? Inconcebível. Portanto, fazer as pazes com a mediação».

Sammler tem razão, é preciso uma linguagem arquitectónica, mas a moderna tem uma tensão libertadora voltada para os objectivos de Hundertwasser: ensina a dessacralizar cânones e preceitos iluminísticos, para multiplicar as escolhas concretas. As sete invariantes descritas referem-se a modelos precisos, desde a Casa Vermelha, de William Morris, às obras-primas de Wright, Le Corbusier, Gropius, Mies, Aalto, às experiências recentes de Safdie e Johansen; e também ao passado, a Borromini, Miguel Ângelo, Rossetti, Brunelleschi, ao mundo medieval, ao antigo tardio, *Villa* Adriana, as acrópoles helénicas, até à pré-história – para confirmar que a linguagem moderna da arquitectura não é apenas a linguagem da arquitectura moderna, captura as heresias e as dissonâncias da história, aquelas inúmeras «excepções à regra» hoje finalmente emancipadas e capazes de estruturar uma alternativa linguística.

Participação: bandeira agitada por políticos, sociólogos e artistas, não sem uma grande dose de demagogia. O que significa em arquitectura? Confiar a régua em T, o esquadro e os compassos às pessoas, incitando-as: «construam como vos apetecer»? Macaqueariam os modelos clássicos mais retrógrados. Preparar várias soluções, e depois dizer: «escolhei vós»? Com que critérios? Assim interpretada, a participação não passa de um *slogan*. Ao passo que ela é um corolário substancial para as sete invariantes da linguagem moderna.

Do elenco à reintegração, estas invariantes requerem a participação, na medida em que apontam para o não-acabado, para um processo de formação, e não para a forma, para uma arquitectura passível de crescimento e mudanças, já não isolada, mas sim disposta a dialogar com a realidade exterior, a sujar-se em contacto com o *kitsch*. Já ninguém quer objectos «belos», consoladores. A arte desce do pedestal para se encontrar com a vida e capta as valências estéticas do feio, do lixo. Burri pinta trapos; Oldenburg descobre a mensagem de uma máquina de escrever *soft*, inutilizável; o ruído não é antimúsica, mas sim música *autre*; aliás, também em arquitectura, o Mummers Theater amontoa restos comprados à sucata.

O não-acabado reflecte-se ao longo de todo o percurso histórico, de Mnésicles a Rossetti e Paládio, culminando em Miguel Ângelo. A arte contemporânea, porém, codifica-o no arrebatamento de um processo comunicativo interrompido, que exige ser integrado pelo fruidor. A participação não é, pois, uma oferta paternalista, mas uma característica inerente ao fazer-se da obra aberta. Pense-se no urbanismo. Os classicistas acreditam nos planos reguladores definitivos, só realizáveis em regimes ditatoriais. Os arquitectos modernos, em vez disso, lutam por uma planificação contínua, que adira constantemente às expectativas sempre novas da sociedade. Os primeiros desenham «cidades ideais» de tipo renascentista, abstractas, utópicas, eternamente frustrantes. Os segundos sabem projectar, não a cidade, mas o projecto da cidade, uma hipótese da sua derivação de encarnar no tempo em formas diversas e imprevistas.

Fruto das sete invariantes, o não-acabado é condição para que a arquitectura seja envolvida na paisagem urbana, assimile as suas contradições, se enlameie na desolação e no *kitsch*, para os recuperar a nível expressivo. Os sociólogos fazem notar que nos *slums*, nos *bidonvilles*, favelas e *barriladas* fervilha uma intensidade de comunicação comunitária desconhecida nos bairros «planificados» de casas populares. Porquê? Nestes últimos está ausente a aventura, o espírito pioneirista, o sentido de vizinhança, o *kitsch* autogerido com os seus aspectos negativos mas impregnados de vitalidade. Pois bem, na linguagem moderna não-acabada, a participação é complemento estrutural indispensável do acto arquitectónico.

Está tudo aqui. As sete invariantes proporcionam um vade-mécum para projectar. Nenhum arquitecto – exceptuando, com certeza, Wright, Le Corbusier, Mies, Aalto, e talvez Johansen – as subscreveria

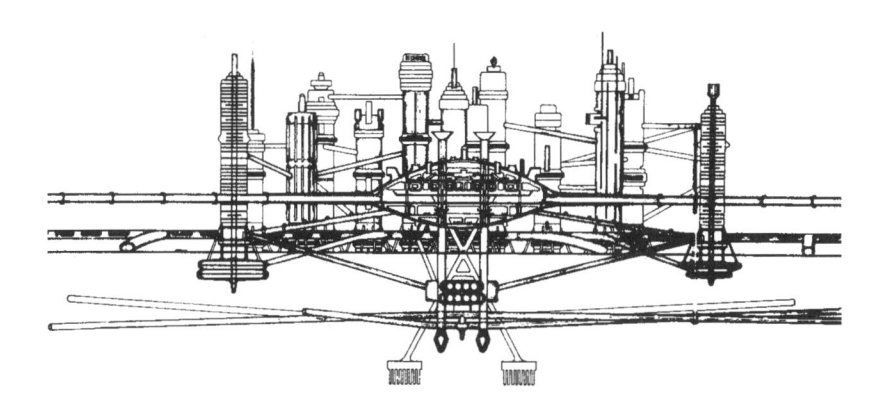

24. Projecto de um «projecto de cidade»: *Plug-in City*, elaborada pelo grupo inglês Archigram. Para salvar o terreno do magma da construção civil, favorecendo uma vida social mais intensa, são necessárias grandes concentrações urbanas, selvas de arranha-céus ligados entre si em vários níveis, reintegrados funcionalmente e rodeados de extensas zonas verdes.

em conjunto. Sete heresias, ou testemunhos contra a idolatria classicista, reciprocamente intoleráveis. Pouco importa. Com este vade-mécum no bolso, qualquer um as aplicará na medida do possível. Alguns não as aplicarão nunca: Marcuse define-os como «os dementes e os não interessados, os defraudadores em qualquer tipo de misticismo, os imbecis e os patifes, e aqueles a quem nada importa, suceda o que suceder».

9.
ANOTAÇÕES

1. A IDADE ADULTA

A codificação linguística marca o advento da maturidade na história da arquitectura. Que fenómeno separa, de facto, convencionalmente, a situação pré-histórica da evoluída? A descoberta da escrita, isto é, de um modo institucionalizado de comunicar. É certo que já antes da escrita existiam meios de transmissão, mas de baixo grau de divulgação; do mesmo modo os arquitectos, bem ou mal, têm até agora veiculado ideias e experiências, sem no entanto dispor de uma linguagem formalizada. Todavia, só agora se pode falar, ler e escrever arquitectura, fora de um âmbito especializado e elitista. Tal conquista, excedendo o quadro disciplinar, implica uma viragem democrática, uma nova época social da arquitectura, baseada num consenso não de tipo paternalista, populista ou pretensioso – no qual as necessidades reais se confundem continuamente com as que são induzidas pela publicidade – mas autêntico e directo.

Muitos arquitectos receiam a idade adulta, preferem ficar no infantilismo, num estado de sujeição, dependentes do pai. Nos anos cinquenta e sessenta, porém, os pais – Wright, Le Corbusier, Gropius, Mies van der Rohe, Mendelsohn – morreram. De resto, alguns deles, muito antes do seu desaparecimento oficial, já tinham deixado de alimentar os filhos: Mies, por exemplo, desde que optara pelos prismas fechados, traindo a poética das fluências espaciais canalizadas por placas De Stijl; ou Gropius, que, no *teamwork* americano, tinha esquecido o método da decomposição em volumes funcionais, glória da Bauhaus. O próprio Le Corbusier, com o arranque de Ronchamp, desvinculara-se das tarefas didácticas, isolando-se, repudiando filhos e netos, reprimindo-os à «maneira corbusiana» do convento La Tourette e das obras de Chandigarh.

Portanto, já não há pais. É preciso tornar-se adulto, emancipar-se da tutela dos «crescidos», falar uma linguagem autónoma, isto é, codificada, que naturalmente deriva da obra dos mestres, mas libertando-se das poéticas individuais e da hipoteca das suas esmagadoras personalidades.

Será que existe uma alternativa? Nenhuma que não repita o infantilismo até ao grotesco. Órfãos, perdidos pela falta de referência ao pai, alguns tentando reentrar no ventre materno da academia, da ideologia classicista do poder, dos dogmas geométricos, da assonância e da proporção; enfim, por desejo de segurança, suicidam-se. Outros caem no erro oposto: para não aceitar a linguagem moderna, exaltam a anulação até ao extremo, o caos, a anticultura, a rejeição de qualquer sistema de comunicação e verificação.

As etapas do desenvolvimento musical são claras: atonalidade, desestruturação expressionista; depois, racionalismo dodecafónico; por fim, ciclo pós-dodecafónico, não serial, que se subtrai ao rigor racionalista, mas não para voltar ao caos. Em arquitectura estas etapas são menos evidentes, porque a anulação expressionista (Gaudí e, mais tarde, Mendelsohn), em vez de precedê-lo, entrecruza-se com o racionalismo. Isso faz com que a época pós-racionalista, orgânica, esteja repleta de recuperações expressionistas, principalmente nas espirais de Aalto; a própria capela de Ronchamp é uma mistura de expressionismo e informalismo, com alguns ingredientes de «persuasão barroca» nas fontes de iluminação acariciadoras ou retorcidas. Deve-se por isso sublinhar que os refúgios no ventre materno são dois: o classicismo académico e a reevocação expressionista-barroca; esta última pode parecer mais complexa e hipnótica, mas não é menos ingénua e regressiva.

2. MANEIRISMO E LINGUAGEM

É mesmo indispensável possuir uma linguagem codificada? Se as suas variantes são tiradas das obras-primas dos mestres, não basta inspirar-se nelas? Noutros termos, porquê sujeitar-se à mediação, necessariamente redutora, da linguagem, em vez de ir beber às fontes originais?

Não há dúvida que, enquanto as constantes da linguagem moderna não foram formuladas, a única estrada historicamente legítima consistia no maneirismo. A nível teórico, nenhuma objecção, pelo contrário, um hino ao maneirismo: laiciza as poéticas dos génios contaminando-lhes as matrizes, despe-as da carga messiânica de um Wright e do doutrinarismo de um Le Corbusier. Se tivesse também a força para as tornar populares, disponíveis para todos, não haveria realmente necessidade de codificar uma linguagem; infelizmente, não é assim. O maneirismo não divulga nem democratiza; constitui uma operação de altíssimo nível intelectual, mas quase intransmissível. Pense-se em Rosso Fiorentino e em Pontormo, nos poucos seguidores de Miguel Ângelo e Borromini, ou nos wrightianos, nos corbusierianos, nos mendelsohnianos: somam algumas dezenas, em todo o mundo. Por que motivo? Os maneiristas actuam sobre os resultados, sobre os produtos acabados, negligenciando os processos que os determinaram. O discurso deles, como se diz, é «um discurso acerca do discurso»: trabalham sobre as formas, não sobre a estrutura e sobre a formação; comentam-nas e distorcem-nas com intervenções perspicazes, mas limitadas e aristocráticas. Os textos dos mestres são deduzidos da realidade da vida; os dos maneiristas, dos textos. Os mestres desestruturam continuamente o código, anulam, regressam ao elenco, isto é, às funções colhidas em directo. Os maneiristas, pelo contrário, só se apercebem da realidade através do filtro de imagens seleccionadas e decantadas; por isso se cansam depressa e são reabsorvidos pela academia, sempre à traição (neoquinhentismo, neoclassicismo, neo-historicismos contemporâneos).

Principalmente, não se pode esquecer a tara genética do maneirismo: para corromper, arrombar com fúria ou desarticular com ironia os modelos clássicos, é obrigado a preservá-los como emblemas de uma sacralidade a ser desmitificada; para contestar a sua autoridade, precisa de reconhecê-la. As derrogações, as dissonâncias maneiristas pressupõem a tirania das consonâncias classicistas. De facto, qual é o maneirismo que se pode praticar com base em metodologias criativas anticlássicas, miguelangelianas, borrominianas ou wrightianas? Se lhes faltar o império despótico da academia, os maneiristas não têm mais nada contra que lutar, e as suas invectivas reduzem-se a gemidos. Não há, pois, não pode haver, uma passagem sem mediações entre a escrita dos mestres e a linguagem popular. É ilógico dizer às pessoas: voltem às raízes, leiam a *Divina Comédia* e aprenderão o italiano. Se uma língua deve ser falada por todos, é necessário destilar das obras dos poetas algumas invariantes que permitam comunicar também na prosa quotidiana.

3. SUCESSÃO E HISTORICIDADE DAS INVARIANTES

A sequência das sete invariantes pode ser alterada levianamente? Poderíamos pôr, por exemplo, a reintegração antes da tridimensionalidade antiperspéctica, ou a temporalização do espaço antes do elenco?

Uma hipótese semelhante não tem em conta a génese histórica e o crescimento gradual da linguagem. As invariantes não são axiomas atemporais, verdades absolutas, mas sim etapas determinadas por experiências precisas. William Morris desestrutura o código clássico, anula-o, defende o elenco, o inventário das funções, a independência em relação a todos os cânones de simetria, proporção, ordens, eixos, alinhamentos, relação entre cheios e vazios. A dissonância representa um estádio mais avançado: não se contenta com registar as diferenças funcionais, toma consciência delas marcando os seus contrastes. É evidente que estas duas primeiras variantes não podem ser trocadas. A tridimensionalidade antiperspéctica amadurece com o expressionismo, e sobretudo com o cubismo, quando o objecto já não é observado de um ponto de vista privilegiado, mas dinamicamente, de um número infinito de pontos de vista. Daí resulta a decomposição quadridimensional, sintaxe analítica do grupo De Stijl. Pode-se alguma vez pensar que De Stijl se antecipe ao cubismo, se constitui uma das suas aplicações? Talvez a quinta invariante, ou seja, o envolvimento de todas as modinaturas arquitectónicas no jogo estrutural, pudesse ser mudada, uma vez que diz respeito a todo o historial da engenharia moderna; mas Wright, nos oito esboços reproduzidos na pág. 42, correlacionou-a com a poética das estruturas em saliência, com a decomposição da caixa em placas dissonantes. Quanto à temporalização do espaço, cabe-lhe o sexto lugar, nem poderia ser de outra maneira: em suma, transfere a operação volumétrica do cubismo para as cavidades, para os vazios vividos, para os lugares específicos da arquitectura. Enfim, é supérfluo repetir que não se reintegra sem se ter desligado primeiro; caso contrário, integra-se *a priori*, voltando a precipitar-se no classicismo.

Em conclusão, a série das sete invariantes, fixada por um processo histórico que se desenrolou ao longo de mais de um século, não parece possível de ser alterada sem graves inconvenientes. Cada arquitecto deve percorrer todas as etapas deste itinerário, reportando-se constantemente às invariantes precedentes, sem saltar nenhuma delas, até à primeira, ao elenco, à anulação de todas as convenções ou frases feitas, à desestruturação radical do discurso arquitectónico.

A linguagem moderna permite uma crítica precisa, quase feroz, oferece-se como papel tornassol para avaliar cientificamente se uma poética tem, ou não, actualidade. Considere-se o caso de Alvar Aalto: elenco, dissonância, tridimensionalidade antiperspéctica, estruturas em saliência, temporalização espacial, reintegração – seis invariantes magnificamente concretizadas. Mas falta a decomposição quadridimensional, pelo que, como se referiu, a reintegração aaltiana se revela dúbia, na medida em que se baseia em revivescências de temas expressionistas e barrocos.

Não é preciso aplicar todas as invariantes, mas é indispensável respeitar a sua progressão. Mackintosh é um poeta maior, embora detendo-se no elenco. Gropius caracteriza-se através do elenco, das dissonâncias, da tridimensionalidade antiperspéctica e da decomposição volumétrica; no entanto, ignora o espaço temporalizado e a reintegração. Mies, nos textos europeus, triunfa na decomposição e na dinâmica espacial que daí deriva; na América, esquece elenco e dissonâncias, e depois também a tridimensionalidade antiperspéctica, e por isso recai na academia. Le Corbusier? Explora todas as invariantes, mas não simultaneamente: nos trabalhos racionalistas faltam o elenco e a reintegração (magnificamente vigorosa, porém, no plano de Argel); raramente decompõe, e na inibida acepção purista; em Ronchamp, elenca e reintegra, realça a tridimensionalidade antiperspéctica e temporaliza o espaço: dá-lhe um abanão mas não decompõe.

As sete invariantes podem-se encontrar simultaneamente em algumas obras de Wright: em máximo grau na Casa sobre a Cascata, a *Divina Comédia* da linguagem arquitectónica moderna.

4. EQUÍVOCOS SOBRE A RELAÇÃO *LANGUE/PAROLE*

Frequentemente, as pesquisas semióticas utilizam instrumentos novos para finalidades velhas, favorecendo inconscientemente regurgitações académicas.

Um primeiro equívoco consiste em excluir da codificação linguística as obras-primas, as obras de excepção, os produtos dos génios criativos, sujeitando a exame apenas edifícios «típicos ou paradigmáticos», que representam o padrão médio da arquitectura. Descura-se assim o facto de, na ausência de um código apto a difundi-la, a linguagem moderna não ter podido penetrar a arquitectura corrente, a qual se limita a comunicar pensamentos incertos e pouco significativos. Marginalizando as obras-primas, castra-se a linguagem moderna; resta a mediocridade, que é sempre académica. O processo deve, pois, ser invertido: é preciso extrair as regras das excepções, porque só nelas se encarna plenamente a nova linguagem.

De resto, o italiano foi formalizado com base nos textos maiores, a começar pela *Divina Comédia*; depois, uma vez estruturada, a língua foi acolhida a todos os níveis, até na prosa comum. O mesmo pode acontecer em arquitectura: as invariantes inferidas das obras-primas podem ser aplicadas correctamente até pelos construtores mais modestos; mas é escusado tentar encontrá-las nas obras «típicas» ou «paradigmáticas», que são tal pelo facto de não as conterem.

Pode observar-se que o italiano já era falado pelo povo muito antes de tirar a sua codificação da *Divina Comédia*. Acontece, de facto, algo semelhante em arquitectura: nas casas rurais, nos edifícios utilitários, nos vernáculos, e em breve nas «arquitecturas sem arquitectos», as sete invariantes estão muitas vezes representadas, adoptadas espontaneamente. A *Divina Comédia* nasce do vulgar, legitima um impulso que veio de baixo e que, codificado, resulta na língua italiana. Pois bem, a Casa sobre a Cascata resulta de um longo esforço no sentido de desestruturar os encastelamentos académicos, e prepara uma linguagem popular, disponível a todos.

Alguns semiólogos insistem: a arquitectura é feita de regras e de estipulações; nós só podemos codificar regras. E quais? Uma vez que a linguagem moderna é composta apenas de derrogações, as «regras» são as académicas e, codificando-as, arriscamo-nos a voltar ao preconceito *Beaux-Arts*: assonâncias como regra, dissonâncias como derrogação. O oposto daquilo que a música moderna atesta, fixando a regra precisamente nas dissonâncias. Theodor Adorno explica-o claramente: «O estádio mais evoluído dos processos técnicos musicais elabora trabalhos perante os quais os acordes tradicionais [leia-se: classicistas] se revelam como clichés impotentes. Há composições modernas em cujo contexto são ocasionalmente disseminados acordes tonais; pois bem, estes acordes perfeitos é que são cacofónicos, e não as dissonâncias...». Em termos arquitectónicos: as regras académicas, e não as invariantes modernas, são arbitrárias e incongruentes. Ainda: «O predomínio da dissonância parece destruir as relações racionais "lógicas" no interior da tonalidade [leia-se: simetria, proporção, esquemas geométricos, harmonia de cheios e vazios, equilíbrio de massas, axialidade e alinhamentos perspécticos, etc.], isto é, as relações simples de acordes perfeitos. Nisto, porém, a dissonância continua ainda a ser mais racional do que a consonância: ela põe de facto diante dos olhos, de maneira articulada, ainda que complexa, a relação dos sons que nela estão presentes, em vez de obter a sua unidade por meio de uma mistura "homogénea", ou seja, destruindo os momentos parciais que contém...». Transferindo para a arquitectura: as frases feitas, convencionais, desprovidas de valor semântico, são sempre consonantes, tonais, classicistas, ao passo que as mensagens significativas, que comunicam coisas, realidades, comportamentos, desafinam. E há que evitar o grave erro de pensar, com os maneiristas, que a dissonância só é possível em contraste com a consonância, reduzindo-se, por isso, a uma derrogação da tonalidade. Não é de modo nenhum assim: «Os novos acordes não são os inócuos sucessores das velhas consonâncias; distinguem-se delas na medida em que a sua unidade é totalmente articulada em si: os sons simples do acorde unem-se para o configurar, mas no seu interior são simultaneamente distintos uns dos outros, como sons simples.

Dessa maneira, continuam a "dissonar"; e não em relação às consonâncias eliminadas, mas em si mesmos».

Quantos anos, quantos decénios serão precisos para convencer os arquitectos daquilo que na música já está há muito adquirido? Têm medo da liberdade, querem a coerência harmónica a todo o custo e, como a vida está cheia de dissonâncias, preferem inibi-la por meio de uma ordem *a priori*. Os italianos, principalmente, são tolerantes com a autocensura, empobrecendo a linguagem. Deviam, sem dúvida, afixar nas paredes dos seus gabinetes este passo de Adorno: «O culto da coerência torna-se idolatria. O material deixou de ser moldado e articulado para servir a intenção artística e, em vez disso, a sua preparação é antecipadamente ordenada para se tornar intenção artística: a paleta toma o lugar do quadro». Em arquitectura, a paleta é todo o arsenal fetichista da simetria, da proporção, da perspectiva, da monumentalidade instigada pelo poder.

Outros semiólogos afirmam: não nos interessam as diferenças entre a linguagem clássica e a anticlássica, mas sim as afinidades, os elementos que as tornam comuns. Tese só aparentemente plausível, porque esquece que o classicismo não é uma linguagem, mas sim uma ideologia linguística sem correspondência na fenomenologia arquitectónica do mundo greco-romano e do Renascimento. Eis o nó da questão: negar a diferença entre teoria arquitectónica e experiências reais, entre abstractas interpretações *Beaux-Arts* e linguagens concretas, grega, romana e renascentista, implica explorar a semiótica em proveito da reacção. Em vez de tentar encontrar uma área comum ao clássico e ao anticlássico, há que comprovar que os arquitectos válidos, antigos ou contemporâneos, são todos anticlássicos. Enquanto superstrutura artificiosa do poder, o classicismo é talvez comparável ao latim da corte desenterrado no século XV para uso de uma elite decidida a evitar os problemas de uma linguagem vital. Não seria absurdo averiguar o que é que associa o italiano do século XV àquele latim de cortesãos?

A relação *langue/parole*, de De Saussure, produziu inúmeros equívocos na linguística arquitectónica. Por dois motivos: a) entendeu-se por *langue* não a língua concreta das obras, mas o seu oposto, a ideologia formal *Beaux-Arts*; b) em consequência, as *paroles*, isto é, os actos criativos, foram interpretadas como derrogações ou anomalias, não para assimilar na *langue*, mas para marginalizar. Na linguagem verbal, as *paroles* com um nível inicial de excepções infiltram-se no nível normal da *langue*; em arquitectura, pelo contrário, sobram sempre excepções, porque a *langue* classicista não é uma verdadeira *langue*, mas sim uma abstracção teórica impermeável àquilo que é novo. Quais as *paroles* de Miguel Ângelo ou de Borromini que conseguiram penetrar na linguagem classicista? Nenhuma, como é lógico, tratando-se de uma pseudo-*langue* cristalizada por natureza. O mesmo se aplica a Wright, Le Corbusier, Gropius, Mies, Mendelsohn e Aalto, cujas *paroles* nunca arranharam a engrenagem *Beaux-Arts*.

As dificuldades que se encontram nas discussões com os saussurianos derivam deste equívoco: eles presumem que a *langue* arquitectónica é a clássica; nós sabemos que é a anticlássica, hoje como no passado. Por isso, para nós a linguagem arquitectónica é composta só de *paroles*, derrogações, dissonâncias, enquanto para eles as *paroles* não podem existir sem uma *langue*, e, na falta dela, relacionam-nas com a não-*langue* do classicismo, com resultados desastrosos.

5. AS SETE INVARIANTES EM URBANISMO

A disciplina do urbanismo identifica-se com a da arquitectura, de tal modo que se justifica o termo *urbatectura*. As sete invariantes aplicam-se a um edifício do mesmo modo que à cidade e ao território. O elenco não é o primeiro acto a executar ao redigir um plano regulador? A dissonância não é indispensável para quebrar a monotonia alienante do *zoning*? Do mesmo modo, a tridimensionalidade antiperspéctica serve para derrotar a mania dos eixos monumentais, dos tabuleiros de xadrez viários, das praças com forma geométrica predeterminada, quadradas ou rectangulares, redondas ou hexagonais. Decompor a caixa arquitectónica equivale a decompor a estrutura fechada da cidade clássica. Espaços temporalizados? Valem tanto à escala urbana como na dimensão arquitectónica. Quanto à reintegração, no urbanismo parece ainda mais urgente e significativa, para revitalizar organismos circunscritos a um grau esclerótico.

Urbatectura. Reintegrar a cidade significa reacondicionar o tecido construído, incentivando a polifuncionalidade dos seus coeficientes. Tem sido dito muitas vezes: uma escola é uma estrutura que trabalha num regime baixíssimo se o plano regulador a confinar num lote isolado; não é utilizada ao longo de muitas horas do dia, durante a noite, nas festividades e nos longos meses de férias. Um desperdício semelhante caracteriza todos os edifícios públicos (teatros, cinemas, ministérios, igrejas, etc.) e só pode ser evitado reintegrando as funções educativas, sociais, directivas, produtoras, comerciais e recreativas num ordenamento diferente da cidade. Em urbanismo, tal como em arquitectura, a linguagem moderna tem horror aos desperdícios económicos e culturais.

Entre os seus múltiplos efeitos, o código anticlássico deveria ter o de curar os urbanistas de uma frustração que dura pelo menos desde meados do século XV, quando se dedicaram a projectar «cidades ideais» concebidas segundo esquemas geométricos, em grelha ou radiais. Traçados opressivos, despóticos, totalitários, desejados pelo poder para refrear a vida social dentro de uma «ordem» férrea e implacável, que felizmente ficaram por realizar, excepto alguns episódios insignificantes. A «cidade ideal» provocou lesões relevantes, durante séculos, na psique dos urbanistas. Como os seus programas megalómanos e hibernados eram hostilizados pela sociedade, eles mergulharam num neurótico complexo de perseguição: ninguém os estimava; o desenvolvimento urbano não fazia nenhum caso dos planos; políticos, administradores, empresários, ricos e pobres mostravam a mais profunda indiferença pelos desenhos deles. Salvo poucas excepções, os urbanistas nunca suspeitaram que o malogro tinha origem numa causa bem diferente: desprovidos de qualquer sensibilidade pela dinâmica social, com uma demiúrgica mania da grandeza, pretendiam encapsulá-la em urdiduras estáticas, desumanas, sufocantes. Prova-o o facto de terem sido construídas «cidades ideais» principalmente para quatro funções emblemáticas: a) quartéis, b) manicómios, c) prisões, d) cemitérios. Os traçados quadrangulares, circulares, hexagonais e estrelados encontraram plena expressão nas instalações militares, dos castros em diante, e nas prisões, em suma, onde quer que os homens fossem arregimentados ou detidos: da romana Regina Coeli ao São Víctor de Milão. A cidade «ideal» só o é para o poder.

Também no campo das fortificações, os espíritos rebeldes anulam o código geométrico: pense-se em Francesco di Giorgio, em Sanmicheli e, mais ainda, nos esboços miguelangelescos para os baluartes florentinos de 1529 (ver páginas 95, 97 e 99). Particularmente sintomático é sem dúvida o facto de os grandes hereges da história da arquitectura, Brunelleschi, Miguel Ângelo, Paládio e Borromini nunca terem elaborado um plano regulador. Configuraram cidades inteiras, mas sem as vincular *a priori*. O diálogo deles com o organismo urbano foi feroz e apaixonante: seleccionaram-no e possuíram-no, calcularam o seu desenvolvimento por pólos e coágulos, atentos para não lhes paralisar o livre crescimento. Paradoxalmente, poderia dizer-se que as únicas personagens redundantes na história do urbanismo são os urbanistas. É possível imaginar uma Ferrara estense construída por um urbanista, e não por um *urbatecto* como Biagio Rossetti?

Então, a linguagem moderna repudia a planificação urbanística? Claro que não: nega a classicista, que não se baseia no elenco, nas dissonâncias, na visão antiperspéctica, na decomposição, no espaço temporalizado, no coordenamento orgânico. Como devemos redigir os planos, gerir a cidade e os territórios? Uma indicação pode ser dada pela experiência artística contemporânea, que rejeita o objecto «acabado», e executa apenas metade do itinerário essencial para a representação da imagem, remetendo para o fruidor a tarefa de integrar o processo preparado pelo artista. Tal como a arquitectura, e mais do que ela, o urbanismo deve nascer de um diálogo baseado em hipóteses em aberto, que a sociedade possa sufragar, modificar e reorientar, de acordo com as suas exigências complexas e pluralistas. Trata-se de participar na vida da cidade a partir do interior, não passivamente e sim intervindo em cada dia com extrema energia, mas sem os iluministas da «ordem» geométrica, autoritários e inflexíveis *a priori*.

6. SOBRE A ESCRITA ARQUITECTÓNICA: PERGUNTAS E RESPOSTAS

A codificação da linguagem moderna não se arrisca a resultar numa nova academia? As sete invariantes não tendem a tornar-se preceitos idênticos aos das Beaux-Arts, *ainda que de signo oposto?*

Típica mentalidade itálica: para não se esforçarem a fazer experiências, agitam espectros imaginários. Porque não experimentam fazer um projecto ou um curso de projectar baseado nessas invariantes? A dúvida desaparecerá imediatamente, no próprio acto de elencar ou de inventariar as funções.

A linguagem diz respeito às formas comunicativas, mas o verdadeiro problema não se prende mais com os conteúdos de que depende, em última análise, o próprio papel do arquitecto na sociedade?

A primeira invariante, o elenco, representa precisamente as funções, o problema de construção, os comportamentos sociais. Descurando-a, todo o discurso cai por terra, ou melhor, perde o sentido, porque já não há nada para ser exprimido em dissonância, para decompor e reintegrar. Isso demonstra que a linguagem moderna não tolera álibis ou escapatórias: se o tema dos conteúdos não for encarado de frente, cai-se de novo no classicismo.

Uma crítica baseada nas invariantes serve para julgar uma obra já realizada, mas, e em relação a um projecto? Principalmente se for um plano urbanístico?

As invariantes proporcionam um instrumento de controlo preciso em cada fase do projecto, desde o esboço preliminar ao elaborado, no seu todo, e ao de execução. Verificámos isso numa centena de casos, profissionalmente e na escola. Naturalmente, um projecto geral não permite julgar, por exemplo, o grau de aprofundamento das dissonâncias ou da decomposição quadridimensional. Mas a crítica continua a ser oportuna: o projecto, naquela fase, permite ser desenvolvido respeitando o princípio das dissonâncias e da decomposição? Se a resposta for negativa, trata-se de um projecto fechado, reaccionário, classicista, e deve ser reprovado. Numa fase inicial, talvez o elenco possa ser suficiente; mas é preciso verificar se a solução é suficientemente aberta para poder acolher as outras invariantes.

A operação da projecção não se realiza por fases sucessivas, de acordo com os momentos analíticos das invariantes. Em regra, os arquitectos avançam por síntese, intuindo a solução global. Para que servem, então, as sete invariantes?

Para se assegurarem de que a síntese, perfeitamente legítima, não é rígida. Não é preciso partir da análise, mas se a síntese não for passível de verificação funcional e semântica, resvala para o classicismo.

Uma anulação cultural total pode, de algum modo, ser possível? existe realmente «o grau zero da escrita», sugerido por Barthes? Os espíritos criativos não revolucionam, somando o positivo do passado e do presente com a sua imagem do futuro?

Basta pensar na relação latim/italiano. O vulgar anula o latim, no sentido em que desestrutura o seu código; é certo que mantém muitos dos seus elementos, mas descontextualizando-os da língua vigente e recontextualizando-os na nova. Do mesmo modo, a arquitectura moderna recupera «o positivo do passado», revelando a sua essência anticlássica. Rejeita e anula, não o passado, mas a sua sofisticação produzida pela normativa *Beaux-Arts*.

Mas porquê condenar a simetria, tão difundida na arquitectura antiga e que surge, até, em muitos trabalhos de Wright?

Cesare Beccaria ocupava-se *Dei delitti e delle pene*, não de comunidades livres e democráticas. No entanto, afirmava: « É um falso conceito de utilidade, aquele que pretenderia dar a uma multidão de indivíduos a simetria e a ordem que só a matéria inanimada tem condições para aceitar». Epígrafe para gravar nas mesas dos arquitectos e dos urbanistas. Se o edifício é entendido como objecto inanimado, monumental, para contemplar e não para fruir, a simetria condiz muito bem, porque representa perfeitamente o autoritarismo político e burocrático. Mas se tem de responder a funções e conteúdos específicos, não pode ser simétrico, porque a simetria e, de modo geral, a consonância, vincula cada elemento àquilo que vem antes, depois, de cima e de baixo, destruindo a sua peculiaridade em nome de um desenho global, uniformizador, hierárquico e inalterável. Quanto a Wright, é preciso dizer que uma língua nova não se inventa num dia: ele tinha de lutar contra o classicismo triunfante (o «latim» da arquitectura), e não causa escândalo o facto de ele por vezes ter recorrido a esquemas parcialmente simétricos. Mas o que é mais importante evidenciar em Wright? Os raros resíduos tradicionais ou a mensagem revolucionária? A óptica académica valoriza em cada génio, de Brunelleschi a Paládio, aquilo que permanece de obsoleto; nós devemos apontar as conquistas originais. Porquê tanto medo da dissonância e da assimetria? Giacomo Devoto escreve: «É estranho que estudiosos qualificados demorem a aceitar o princípio fecundo da oposição entre marginalidade e centralidade, que foi a grande passagem da linguística unidimensional a bidimensional, à espera da tridimensional, ligada à sociolinguística moderna». A simetria esmaga, reduz, ao passo que «as necessidades lexicais são imensas. Lucrécio, ainda no século I a.C., lamenta diversas vezes a *sermonis patrii egestas*, a pobreza do idioma pátrio». Além disso, «aquilo que para Platão era a hipótese de uma língua como *nòmos*, "lei" ou "convenção", deu origem ao conceito de "analogia". Aquilo que, para Platão, era definido como "criatividade" ou *enérgeia* da língua deu origem à doutrina da "anomalia"…». Veredicto cortante sobre a língua verbal dos italianos, que também serve para a arquitectura: «Uma exigência subjectiva classicista, selectiva, e por isso mesmo empobrecedora, leva a melhor sobre a exigência funcional, voltada para o enriquecimento. É um pedaço da linguagem de Itália que se fará ouvir ao longo de toda a sua história, até, pode dizer-se, aos nossos dias». O terror da mudança desemboca no geométrico e na simetria.

Hoje, os discursos sobre a linguagem e, em geral, sobre a arquitectura não interessam. O desafio é extradisciplinar, diz respeito à batalha por uma cidade nova, por um habitat *alternativo. Porquê demorarmo-nos nas sete invariantes?*

Para tornar essa batalha mais eficaz e mordaz. Verificou-se isso recentemente, a propósito de um bairro-dormitório construído em Roma, perto da zona de Pietralata. Um grupo de estudantes extraparlamentares tinha preparado uma «exposição-protesto» sobre as condições daquele ambiente: grandes cartazes com fotografias e dísticos acerca da carência de equipamentos, das manifestações clamorosas organizadas pelos habitantes, das intervenções da polícia, e assim por diante. Resultado tão vistoso quanto genérico. A certa altura, o grupo resolveu analisar o bairro usando o instrumento das sete invariantes, tendo acrescentado mais uma série de cartazes em que se demonstrava que nenhuma delas fora aplicada ao projecto. A «exposição-protesto» perdeu toda a conotação demagógica, adquirindo uma força persuasiva infinitamente maior.

Finalmente, porque é que a linguagem moderna só foi codificada agora? Porquê este atraso inexplicável, que impediu que fosse adoptada em larga escala, na profissão e no ensino, durante decénios de actividade de construção febril?

Questão angustiosa, quase obsessiva, à qual não se pode dar nenhuma resposta que não seja meramente consolatória. Pode apresentar-se várias justificações: a) enquanto os mestres do modernismo produziam, persistia a ilusão de que uma «maneira» ligada às suas poéticas era capaz de substituir a linguagem codificada; b) os estudos estruturalistas, semiológicos e linguísticos não estavam suficientemente evoluídos para agitar o mundo da arquitectura; c) era necessário uma anulação global, não só da arquitectura mas existencial, como a da Primavera parisiense de '68, para estimular, depois de um lustro, a codificação de uma linguagem democrática. Esta e outras explicações são plausíveis, mas acabam por ser tautológicas. A interrogação permanece. Schönberg criou e codificou a linguagem musical moderna. Wright, Le Corbusier, Gropius e Mendelsohn criaram a da arquitectura, mas não a codificaram: porquê? Porquê ninguém mais o fez, poupando à arquitectura decénios de desperdícios e massacres, de ideologismos e de fugas para a frente e para trás? Seja como for, agora está na altura de popularizar a linguagem democrática da arquitectura.

SEGUNDA PARTE

10.
ARGUMENTOS SOBRE A LINGUAGEM DA ARQUITECTURA

A HISTÓRIA COMO METODOLOGIA OPERATIVA

No plano teorético, este assunto é largamente partilhado. Já ninguém pensa que, para formar prosadores ou poetas, se deva ensinar a «bela escrita», com base nas velhas regras puristas da retórica, e não a história da literatura; ou que, para educar pintores e escultores, seja útil recomendar categorias e preceitos de beleza, de acordo com as estéticas normativas antigas, e não a história da arte; ou ainda, que se criem filósofos dando noções sobre os esquemas escolásticos, e não reelaborando a história do pensamento, da própria filosofia. Do mesmo modo, já ninguém acha que se formam arquitectos distribuindo receitas compositivas, conhecimentos tecnológicos ditos objectivos, e instruções sobre a maneira de desenhar. A arte contemporânea, de resto, subverteu gramáticas e sintaxes e, com elas, toda a bagagem das ideologias, dos parâmetros estéticos absolutos, e das respectivas instrumentações para os adquirir.

Em palavras, todos de acordo: o ensino da arquitectura deve ser historicizado porque o método histórico é o único que permite um confronto científico e, primeiro ainda, uma comunicação de experiências. Mas se é fácil concordar quanto a uma fórmula genérica, torna-se muito mais difícil aplicá-la concretamente; tanto que nenhuma escola de arquitectura do mundo conseguiu até agora fazê-lo, nem sequer em grau aproximativo. Basta recordar que em muitas faculdades europeias e americanas se instituiu a distinção entre cursos de «história da arquitectura» e de «teoria da arquitectura»; e se em Itália isso não acontece, não foi porque a história tivesse invadido e saturado o campo da «teoria», mas precisamente pela razão inversa, porque a história tinha permanecido como disciplina aristocrática, desligada de compromissos operativos, e o acto de projectar, se já não se baseava em teorias pretextuosamente objectivas, entregava-se, porém, a algo ainda mais perigoso e arbitrário, às incertas pseudoteorias individuais dos docentes de composição. É confirmação disso um facto: essa situação culturalmente desintegrada, que determinou uma crise das escolas de arquitectura a nível internacional, explode com virulência em Itália, porque entre nós a academia se prolongou durante decénios, sustentada por aquela presunção autárquica provinciana que excluiu o país, durante mais de um século, do curso criativo e civilmente empenhado da história da arquitectura.

Como é sabido, a tensão entre historiografia reaccionária e modernismo redundou numa clamorosa fractura no programa didáctico da Bauhaus. Uma vez que a história era entendida como ensino a-histórico dos estilos, inútil e até nocivo para efeitos da formação do arquitecto, Walter Gropius, corajosamente, expulsou-a do *curriculum* de Weimar e Dessau. Nas outras escolas, permaneceu como disciplina amplamente extrínseca, nocional. Nos melhores casos, talvez também formativa, mas só para fins de cultura geral, e não no interesse específico de fazer a nova arquitectura. Prova-o a circunstância de, enquanto os arquitectos modernos conquistaram lentamente as cátedras de composição ou de desenho, as de história da arquitectura terem permanecido durante muito tempo como monopólio de estudiosos por vezes muitíssimo bem preparados, mas por regra desinteressados em relação aos temas da composição contemporânea.

O problema, de resto, não pode esgotar-se na substituição de docentes misoneístas por críticos conscientes do facto de cada interpretação verdadeira do passado nascer e ser solicitada por uma participação intrínseca à arte contemporânea. Se assim fosse, bastaria convencer os estudantes de arquitectura a seguir os cursos de história da arte da faculdade de letras e filosofia, leccionados por mestres muitas vezes protagonistas da renovação historiográfica também em arquitectura. O nó do problema não é esse. Uma análise comparativa de numerosas escolas europeias e americanas apresenta o seguinte resultado: quando a história é ensinada por docentes modernos, apaixonados, participantes do modo de fazer contemporâneo, os arquitectos que daí procedem são mais perspicazes e atentos; quando se fica pelo tipo de ensino académico, são menos cultos, mais rudimentares. Mas, em ambos os casos, a história não pesa, não serve nem representa um papel directo, não se reflecte numa metodologia do projectar.

Como se vê, embora todos concordem com a exigência de historicizar o ensino da arquitectura, no campo da aplicação estamos no ano zero. É estúpido tentar esconder as consequências da desintegração cultural em que caímos. O resultado de um ensino historicizado apenas em palavras, e de um «fazer» desligado de qualquer metodologia científica, projecta-se eloquentemente no cenário das nossas cidades e campos. Não requer comentários: grita a sua denúncia. Um cenário infame de arbítrios sem sentido, de intenções obscuras e corruptas, veleidades e tédio. Um cenário em que mais de cem anos de história da arquitectura moderna, marcados por personalidades criativas extraordinárias e experiências sociais grandiosas, permanecem completamente estranhos nos conteúdos e na expressão, como se uma erupção de ignorância os tivesse submergido. Também sob o perfil formal, que de resto acusa sempre erros de conteúdo, se multiplicam as sobreposições de léxicos diferentes, de étimos contraditórios, numa louca e insípida mistura de linguagens em comparação com as quais o ecletismo oitocentista parece um jogo virtuoso de *gentlemen* amadores. Aqui estamos no informe, numa arquitectura sem fontes nem referências, talvez a arquitectura de uma *affluent society* cheia de inseguranças e prenhe de cobardia.

De um panorama tão miserável, associal, não civilizado e por isso antiestético, não podemos atribuir toda a culpa às faculdades de arquitectura reaccionárias. Pelo menos, como participante no delito, que seja incriminado o modernismo, que muito acertadamente minou as escolas da velha-guarda, mas depois fez a asneira de não se interessar pela organização de um novo tipo de escola e, portanto, de uma nova didáctica.

As atenuantes são, na verdade, escassas. Porque os mestres do modernismo – Wright, Le Corbusier, Gropius, Mies, Aalto –, se acreditavam sinceramente numa metodologia arquitectónica a-histórica, tinham o dever de formular uma gramática e uma sintaxe para a arquitectura moderna, substituindo os preceitos académicos por doutrinas novas e mais actuais, a exemplo do que tentaram Schönberg, Brecht, Joyce e, a seu modo, van Doesburg; se, em vez disso, confiavam numa metodologia histórica do fazer arquitectónico, incluindo o modo de fazer deles mesmos, em vez de suprimir a história na Bauhaus ou pô-la de quarentena, deviam formular esse novo método, tornando-se eles próprios históricos, transpondo os irrefutáveis enunciados funcionalistas, tecnicistas e formais, e instrumentando uma crítica apta a penetrar na realidade arquitectural a todos os níveis, desde a planificação do território até à modinatura e ao sinal mais diminuto da imagem.

Em vez disso, como agiram esses mestres? Desinteressaram-se do problema, exclamando, como Le Corbusier, *Je m'en fiche!*; ou então, da escola institucional voltaram à escola-atelier, dominada, não por um método, mas por uma personalidade que só uma elite de estudantes era capaz de acompanhar e, por isso, surda às instâncias de uma educação de massas. Durante dois decénios, de 1940 a '60, os Estados Unidos ofereceram uma pluralidade de escolas-estúdios deste tipo, porque numerosas figuras do modernismo também presentes na América se dedicavam ao ensino. Quem admirava Gropius frequentava a Harvard University; quem preferia Mies van der Rohe inscrevia-se no Illinois Tech; para aprender com Wright, ia-se a Taliesin. E, no fundo, entre escolas da tradição antiga, como Harvard, e uma fundação particular, como Taliesin, não existia diferença, porque tanto numa como noutra um protagonista da nova arquitectura exercia a sua influência sobre um número limitadíssimo de alunos.

Na Europa, principalmente nos países onde o sistema universitário era mais autoritário, rígido, paternalista e antidemocrático, a fractura entre escola e cultura, mediada, embora não solucionada, nos Estados Unidos pela presença dos mestres, transformou-se num abismo. A verdadeira cultura manifestou-se fora das escolas, através de uma educação antitética à universitária. Em Itália, a incomunicabilidade foi absoluta. De um lado, a faculdade de Arquitectura de Roma, que não assinava sequer a revista *Casabella-Costruzioni*, o único órgão autêntico do modernismo italiano; do outro, Edoardo Persico, Terragni e Pagano, as personalidades mais significativas daquele movimento, que nunca ensinaram na universidade.

Também a geração do meio, a que nasceu na primeira década do século, herdou uma atitude de desconfiança em relação à escola. Não é por acaso que os Albini, os Belgiojoso, os Gardella ou os Libera iniciaram a carreira universitária só depois da última guerra. O motivo extrínseco, o ostracismo obstinado, não é preciso recordá-lo. Mas há uma razão íntima, menos captável embora não menos importante: entraram para a universidade quando sentiram que as certezas racionalistas de 1920-30, isto é, os princípios baseados numa metodologia a-histórica, neles próprios se desmoronavam. A escola torna-se um tema inflamado para o modernismo e os seus artífices, no momento em que o racionalismo entra em crise, e essa crise atesta que é mais fácil dizer mal da escola do que passar sem ela.

Com isto, porém, não démos nem um passo em frente acerca do assunto que estávamos discutindo. Tendo constatado que o problema existe, que tem uma origem remota e uma história complicada, que é tumultuosamente agitado em Itália e no estrangeiro, deduz-se que cabe a nós contribuir para o resolver. Mas como?

Em 1960, ao concluir o ensaio *Architectura in nuce*[*Architectura in Nuce – Uma definição de Arquitectura*, Edições 70, Lisboa], augurava que o processo de historicização do modernismo, evitado pelos mestres e pela geração do meio, pudesse ser levado a bom termo no quadro de uma fase cultural em que, após a longa abstenção histórica, os arquitectos sentem a urgência de uma metodologia científica que permita verificar o seu modo de fazer, conforme a uma educação de massas que recuse degradar-se. A antiga academia permitia ao aluno escolher entre «estilo grego», «estilo gótico», «estilo barroco»; a academia moderna soube ensinar, mais ou menos eficientemente, o «estilo racionalista», o «estilo orgânico», os modos de composição puristas ou neoplásticos. Pois bem, se a nova didáctica sabe passar dos «estilos» à história, entendida de maneira concreta e dinâmica, valendo-se de uma crítica capaz de recuperar toda a perspectiva do passado do ponto de vista e em função das tarefas contemporâneas, e se essa crítica é conduzida dentro de critérios científicos, e portanto aberta, problemática, receptiva a contributos ulteriores e até capaz de os estimular, o estudante de arquitectura será capaz de fazer escolhas circunstanciadas, continuamente alimentadas e incentivadas por uma pesquisa operativa que contemple e respeite também as probabilidades, as intencionalidades, o acaso e o risco, mas que evite desperdícios, evasões, aquela série de erros mesquinhos e arbítrios inconsistentes que deriva de um ensino agnóstico e se reflecte depois no rosto néscio das nossas cidades. A escola, dizia eu, pode pelo menos proporcionar, na ligação, ou melhor, na fusão entre cursos de história e de projectar, um sucedâneo da experiência que cada jovem adquiriria se pudesse frequentar os gabinetes dos mestres antigos e modernos, para aprender o método do modo de fazer deles. Se não conseguimos sequer isso, os nossos cursos universitários poderão ser brilhantíssimos, mas o seu êxito dependerá do fascínio de uma personalidade e não de uma metodologia controlável e transmissível.

Parecia-me ter indicado um caminho útil, digno de ser experimentado. A proposta não levantou objecções; pelo contrário, todos mostraram apreciá-la. Mas a maioria, depois de ter subscrito que o ensino da arquitectura deve ser historicizado, dá seguimento a uma didáctica empírica, artesanal, por vezes admirável em alguns dos seus capítulos, mas desprovida de qualquer metodologia explícita. A separação entre história e projecto mantém-se, mesmo quando as disciplinas são reestruturadas por docentes que são, por preparação e tendência, favoráveis: parece impossível fazer compreender que o problema mais urgente para as faculdades de arquitectura não é tanto dar óptimas aulas de história ou bons cursos de *design* arquitectónico e urbanístico como identificar o nó em que a história penetra e se funde com a composição, tornando-se a sua componente metodológica.

É preciso, evidentemente, que a indicação seja ampliada e aprofundada, e talvez que a experiência da arte destes decénios o permita. O tema é complexo e dispersivo, mas há três pontos que parecem possíveis de ser adquiridos:

1) o conceito de arte como simples *raptus* lírico, livre de qualquer processo racional e verificável, foi subvertido pelos últimos resíduos do romantismo. Não é preciso insistir nisto, uma vez que em cada ramo da especulação moderna, do historicismo pós-crociano à fenomenologia, o momento artístico foi libertado dos entraves da velha entificação metafísica e recuperado para o campo do conhecimento inteligível. Essa evolução do pensamento sobre a arte tem um peso enorme para os próprios fundamentos da arquitectura: arrasa o trinómio vitruviano e também o binómio funcionalidade-esteticidade, no processo de formação do produto e no juízo acerca do produto; transporta o acto criativo do limbo do inconsciente ao campo responsável das escolhas, em cada fase da programação arquitectónica e urbanística; em suma, quebra a antítese, e até mesmo a distinção entre conteúdos e formas, detectando, na interpretação inventiva dos conteúdos e dos programas, o ponto de aplicação específico da intervenção do arquitecto e a matriz dos resultados artísticos do seu trabalho;

2) a actividade figurativa não é dirigida, a não ser em casos excepcionais, à criação poética. Por norma, é uma operação crítica, mais comentário do que invenção. O carácter crítico da produção artística interessada na dinâmica e na transformação da realidade, já intuído no passado, foi amplamente verificado pelos modernos historiadores de arte. Do ponto de vista filosófico, Benedetto Croce, na terceira estética, integrou o conceito de poesia no de literatura; as correntes fenomenológicas, marxistas e neo-racionalistas investigaram em profundidade a natureza dessa actividade crítica da arte, apoiadas nas pesquisas semânticas e linguísticas. No entanto, essa tese de uma arquitectura crítica cientificamente controlável, ainda hoje é tida em pouquíssima conta nas nossas faculdades;

3) mesmo quando a actividade artística se converte numa criação poética, esta nunca é «pura», autónoma, desligada da sua historicidade. É uma mudança que nasce de um longo trabalho crítico. Em resposta à distinção crociana entre poesia e estrutura em Dante, após examinar o canto de Farinata, Antonio Gramsci dizia: «Sem a estrutura não haveria poesia; portanto, a estrutura também tem valor de poesia». Aqui está o elemento que emerge da pesquisa histórica e das escavações linguísticas contemporâneas. Não há nenhum poeta ou génio que fuja a uma precisa determinação histórica, se a crítica for capaz de a atacar e penetrar. Está em curso um processo de desmistificação que vence a idolatria e ilumina os modos de expressão dos artistas, incluindo os maiores. Até Miguel Ângelo, que até agora foi tido como a personalidade mais isolada do contexto cultural e por isso menos sujeito

à historicidade, através de uma inteligência madura pode ser «demonstrado» até aos mais altos e singulares desvios da fantasia.

A urgência de mitificar o seu trabalho é inerente aos próprios artistas. Escrevia Schönberg: «A necessidade de um controlo consciente dos novos meios e das novas formas surgirá em cada artista. Ele quererá, conscientemente, conhecer as leis e as regras que governam as formas concebidas por si próprio "como em sonho". Por maior que seja a força de persuasão desse sonho, a certeza de que aquelas novas sonoridades sonhadas obedecem às leis da natureza e do pensamento impele o compositor para o caminho da pesquisa. Ele tem de encontrar, se não as leis e as regras, pelo menos os meios capazes de justificar o carácter dissonante daquelas harmonias e o modo como elas se sucedem». E acrescentava: «Devia ser possível ensinar a arte de nos exprimirmos com eficácia e claramente»; «O verdadeiro génio criador nunca tem dificuldade em controlar com a mente os seus sentimentos».

Pois bem, se a crítica histórica moderna sabe definir não só as culturas artísticas, as linguagens e as poéticas, mas o próprio processo do fazer artístico nas suas nervuras formativas mais finas e características, se é capaz de partir do resultado artístico para reconstituir a sua formação, e também de indicar, ou pelo menos de colher de uma formação ou de uma cultura todo o leque das suas virtualidades, assumindo precisamente os critérios da pesquisa científica numa «rede de exploração» que deixa ampla margem para as probabilidades, para as hipóteses, para o acaso e até para o desconhecido, a alienação está derrotada: estamos no limiar de uma reintegração arquitectónica, a história pode realmente tornar-se a metodologia operativa do arquitecto. Mas qual história?

O discurso, derivado de uma análise do estado do ensino da arquitectura em geral, regressa à disciplina da história. É evidente que, numa direcção orientada desta maneira, todos os professores passam a ser docentes de história. Mas, justamente por isso, é preciso que a disciplina saia da sua casca nobre e solene, mergulhe na realidade do presente, seja distendida, aprofundada, articulada e instrumentada de maneira diferente.

Comecemos pela instrumentação. O transvase história-*design* não é unidireccional. Se a história encontra saída como componente metodológica do acto de projectar, o projectar, por sua vez, estimula uma operação histórico-crítica de novo tipo, uma história da arquitectura redigida com os instrumentos expressivos do arquitecto, e já não apenas com os do historiador de arte.

Há anos que as nossas faculdades afirmam que a história deve ser ensinada aos arquitectos por arquitectos que vivam directamente os fenómenos do fazer arquitectónico, e saibam, portanto, reconstruí-los desde o interior do seu processo em cada aspecto programático, funcional, técnico e expressivo. Esta tese, legítima nos tempos em que a história da arte costumava interpretar a arquitectura como um mero facto plástico, não se justifica hoje que, pelo menos nos seus melhores cultores, investiga os organismos arquitectónicos também nos conteúdos e no contexto. Assim como para seguir um curso qualificado de história da arquitectura bastaria que os estudantes de arquitectura frequentassem a faculdade de letras e filosofia, também, para uma crítica dos seus trabalhos, bastaria que um docente de história da arte se deslocasse à faculdade de arquitectura para discutir os projectos na sua intencionalidade e nas várias fases de formação.

A história da arquitectura ensinada por arquitectos só é válida na medida em que souber exprimir-se, não só com os instrumentos verbais e escritos da história da arte, mas também através de uma crítica operativa gráfica e tridimensional; ou seja, na medida em que induzir a pensar arquitectonicamente. O que nada tem em comum, fique bem claro, com a caterva de desenhos reprodutivos inúteis que eram exigidos nos velhos cursos de história da arquitectura; e tem também pouco a ver com aqueles tipos de desenhos que esquematizam os organismos arquitectónicos, as suas estruturas, as suas sequências espaciais, os seus encaixes geométricos. Aqui trata-se precisamente do contrário, de exprimir um pensamento crítico, de reconstituir o processo formativo de uma arquitectura com os meios da arquitectura, isto é, de projectar uma crítica arquitectónica como se projecta um edifício.

É uma hipótese de trabalho ainda grandemente por explorar, mas as experiências até agora efectuadas atestam a sua consistência. É urgente mergulharmos com confiança nesta tarefa. A convergência entre cursos de história e de composição será muitíssimo favorecida, e talvez também garantida por uma identidade da instrumentação expressiva: de um lado, projectos de pensamentos críticos, reflexões históricas expressas arquitectonicamente; do outro, projectos arquitectónicos e urbanísticos cientificamente conduzidos, através de uma metodologia baseada na crítica histórica.

Uma nova instrumentação da crítica arquitectónica é, pois, essencial, se se quiser que a história se torne guia e metodologia do fazer. Mas a instrumentação não chega. É preciso que a história da arquitectura amplie o horizonte dos seus interesses, alargando a sua compreensão a: a) a história da arquitectura menor; b) a história do urbanismo; c) a história da paisagem, ou seja, do terreno não edificado; d) a história das experiências arquitectónicas extra-europeias. Sobre estes objectivos é fácil pormo-nos de acordo, mas é muito mais difícil realizá-los de modo orgânico.

A arquitectura menor foi objecto de inúmeros contributos, mas muito poucos servem para democratizar a história da arquitectura; a maioria constitui a transferência de uma tendência inconsistente da linguagem, inspirada na chamada «arquitectura espontânea» ou indígena, ou dialectal, com que se tentou recuperar tardiamente, e sem um interesse autêntico, a experiência neo-realista. A história do urbanismo, ponte grandiosa entre história económico-social e história da arte, desenvolveu-se notavelmente, mas não resolveu alguns problemas de fundo na interpretação do processo formativo das cidades; os critérios de avaliação continuam incertos, de modo que a maior parte das histórias do urbanismo resulta da justaposição de muitas histórias extrinsecamente ligadas. Quanto à história da paisagem, se não for entendida como história da pintura de paisagem, mas sim como resultado de uma simbiose entre modificações agrárias e intervenções arquitectónicas, está ainda quase completamente por elaborar, principalmente no que diz respeito à Itália. Finalmente, as antigas culturas orientais e centro-americanas, quando são tratadas, constituem um contributo preponderantemente nocional, não chegam a romper a barreira psicológica que segrega a história na área europeia e por isso não chegam a suscitar uma consciência mundial do itinerário arquitectónico.

A extensão mecânica da disciplina é fácil; o mesmo não acontece com a interpenetração orgânica dos argumentos. Alargando o campo da pesquisa, passando da história dos monumentos e das personalidades para a dos ambientes, das estruturas urbanas, dos terrenos e da sua programação económica e social, das linguagens europeias ou de matriz europeia para as de todas as civilizações humanas, há o perigo de se ficar submerso por uma série de enciclopédias, aliás superficiais e muito pouco úteis. Corre-se o risco de transferir para o passado uma atitude agnóstica, de mero registo, muito difusa também em relação aos acontecimentos arquitectónicos contemporâneos: a atitude que tudo explica e justifica, aceitando todos os fenómenos sejam eles quais forem, renunciando a fazer juízos de valor e, o que é mais importante, escolhas. Uma história erudita desta natureza, inconcludente e demagógica, pode servir para camuflar o empirismo e o vazio metodológico do ensino da arquitectura, e não para preenchê-lo; é uma imitação de conveniência da fenomenologia, não apresenta nenhuma direcção precisa, e muito menos científica, ao fazer contemporâneo.

Eis a razão por que, se o acto de projectar chama a história para forjar uma metodologia crítica madura, a história exige a iluminação constante da arte para escolher e realizar as suas angulações interpretativas. Dialéctica contínua, encaixe indissolúvel: o objectivo de fazer a história identifica-se, nos instrumentos e nos métodos, com o de fazer arquitectura. Aqui reside o desafio da reforma que devemos efectuar, para que as faculdades de arquitectura deixem de ser uma ligação híbrida entre escolas de desenho ou de artes e ofícios, escolas de engenharia e escolas de arte; isto é, se queremos que o arquitecto deixe de ser uma figura ecléctica, um pouco artistóide, um pouco técnico, um pouco homem de negócios, um pouco político, um pouco culto, enfim, um pouco de tudo, aquele pouco que o torna disponível para qualquer pretensão da classe dominante, ou da burocracia dominante, ou seja, do poder e do privilégio.

Chegámos ao último argumento. Vimos que o método de projectar deve ser renovado, e só o pode fazer através da crítica; e, pelo contrário, que a história deve ser reestruturada nos conteúdos e na instrumentação para passar a ser metodologia do projecto. Resta uma questão de ordem ética: porquê é necessária essa reintegração cultural? Qual é o seu objectivo de fundo, o estímulo secreto? O que é que está por detrás dessa tensão explosiva, dessa vontade de conferir uma nova dignidade à figura do arquitecto, e de fazer da arquitectura e do urbanismo uma actividade não demiúrgica, mas sem dúvida contestadora e profética, como dizia Persico, de uma sociedade mais justa?

As respostas podem ser muitas; deter-me-ei apenas numa. O objectivo consiste em reduzir e, em hipótese extrema, em eliminar os imensos desperdícios de que a história se encontra tremendamente cheia, em opor-se à dilapidação de um património revolucionário que a preguiça, a arrogância e a intolerância destroem e eliminam se não for constantemente defendido e revitalizado por uma crítica capaz de o contestar nos estiradores.

Destes desperdícios todas as épocas estão cheias. Basta citar dois exemplos notáveis, um antigo e outro moderno: o primeiro diz respeito a Miguel Ângelo, o segundo a Frank Lloyd Wright.

Em 1529, na hora mais tensa e pungente da sua vida, Miguel Ângelo traça os planos para as fortificações de Florença: as concepções espaciais, estruturais e paisagísticas patentes nas folhas que se encontram na Casa Buonarroti são impressionantes, ultrapassam qualquer outra experiência do período barroco, do expressionismo, do informalismo. Voltado para o ideal da liberdade republicana, que no seu espírito assume as dimensões de um mito laico, liberta-se de qualquer relação com a tradição, corta todo o diálogo com os léxicos renascentistas já em crise, ou melhor, em estado de imputação, na Laurenziana, e cria uma linguagem inédita antecipando uma visão da arquitectura que, quatro séculos após a sua morte, ainda não é totalmnte compreendida. As cavidades que ele plasma nas muralhas das fortificações, e que escava nos baluartes e nos pontões, libertas de todo o geometrismo, de todas

ARGUMENTOS SOBRE A LINGUAGEM DA ARQUITECTURA

as memórias sintácticas e gramaticais, plenas de pressões e de proeminências dilatantes, feridas por nesgas de luz, são aquilo que de mais corajoso a história da arquitectura mundial apresentou. Os módulos estruturais, na matéria corroída até aos extremos esforços e nas reentrâncias de formas espasmodicamente arqueadas, respondem a uma intuição assombrosa das modernas teorias da elasticidade. O sentido prodigioso da planificação territorial, dos espaços exteriores à cidade concebidos como forças que penetram e determinam a forma das massas, da paisagem que agride, que se arremessa sobre as muralhas, electrizadas em gestos que depois se repercutem nas colinas e na planura, não encontra nada comparável na história posterior: até Vauban empalidece no confronto, na medida em que racionaliza um processo que Miguel Ângelo deixara em aberto, não-acabado.

Pois bem, é motivo de perpétua admiração e espanto o facto de a crítica miguelangelesca, durante quatro séculos, não se ter sequer apercebido destes desenhos, desta extraordinária oferta cultural. É um facto inverosímil, incrível. Condivi fala muito da acção de Miguel Ângelo em defesa de Florença, mas não alude aos esboços das fortificações. Vasari, que todavia se interessa tanto por engenharia militar, principalmente na *Vida* de Sanmicheli, ignora-as. Nenhuma referência nos diálogos de Francisco de Holanda, nas crónicas de Marcantonio del Cartolaio, de Giambattista Busini, de Benedetto Varchi, na *Vita di Niccolò Capponi*, de Bernardo Segni, nas *Istorie della città di Firenze*, de Iacopo Nardi, nas *Istorie Fiorentine*, de Scipione Ammirato; enfim, em toda a literatura de Quinhentos, é como se estes projectos nunca tivessem existido. O silêncio perpetua-se, sem excepção, nos três séculos seguintes, embora Giovanni Gaetano Bottari, em 1760, mencionasse o apreço de Vauban pelas fortificações buonarrotianas, e Francesco Milizia, oito anos depois, parafraseasse esse passo. É preciso chegar ao ensaio de G. Riva Palazzi, de 1875, para encontrar uma informação sobre essas folhas, a que, aliás, o autor atribui um relevo perfeitamente secundário. Calam-se os especialistas de engenharia militar: ou as omitem, como E. Rocchi e M. Borgatti, ou as liquidam com poucas informações marginais. A conjura inclui os historiadores de arte e os cultores de história da arquitectura. Apesar de Aurelio Gotti, na *Vita di Michelangiolo*, publicada em 1875, ter catalogado as folhas das fortificações, Heinrich von Geymüller não alude a elas na monografia de 1904, e o mesmo acontece com Dagobert Frey, no volume de 1923, Bernard Berenson em *The Drawings of the Florentine Painters*, e, paradoxalmente, também Karl Frey na recolha de desenhos de Miguel Ângelo. Custa, realmente, a acreditar: até 1927, quando Ernst Steinmann e Rudolf Wittkower dão à estampa a volumosa bibliografia miguelangelesca, nenhum esboço das

25-27. As três gravuras dizem respeito aos esboços para as fortificações florentinas, projectadas por Miguel Ângelo em 1529. Na gravura anterior: uma antologia dos espaços interiores. Nesta: alguns perfis das estruturas murárias. Na seguinte: os moldes dos baluartes na sua face exterior, isto é, o diálogo muralhas-paisagem.

fortificações tinha ainda sido publicado. Parece que ninguém, de 1529 a 1927, os tenha visto: se tivessem sido roubados e escondidos, ou atribuídos a outros, a sua sorte crítica não teria sido diferente, já que, durante quatro séculos, ninguém teve olho e coragem para reconhecê-los e recuperá-los para o mundo da arquitectura.

Aconteceu ainda pior. Quando finalmente, em Setembro de 1940, Charles de Tolnay publicou dezoito desenhos das fortificações, a proeza pareceu reveladora; mas como esses projectos perturbavam a interpretação tradicional do desenvolvimento artístico de Miguel Ângelo, abalando os preconceitos a respeito de ele ser preponderantemente escultor, aconteceu que, apesar da evidência documental, os preconceitos venceram: nos ensaios de Tolnay e na monografia de James S. Ackermann, a análise dos desenhos para as fortificações florentinas permanece extrínseca, não opera aquela revisão radical da crítica miguelangelesca que esses documentos impõem.

A interrogação é alarmante: porquê este desperdício de uma realização linguística e poética de um valor imenso? O próprio Miguel Ângelo sofre-lhe as consequências. Depois do assédio e da queda da República, ele regressa ao útero do classicismo romano, volta a contestar a sua gramática e a sintaxe proporcional no Capitólio, no palácio Farnese, em São Pedro, no furor extremo da Porta Pia, e, finalmente, naquela apocalíptica «renúncia à arquitectura» que é Santa Maria degli Angeli, onde a poética do não-acabado se funde com a das ruínas, colhendo a virtualidade de um espaço quase sem intervenção.

Todos sabem porque é que isso aconteceu: pela desilusão e pela ofensa, pela involução cultural que redundou na Inquisição e na censura. Existem muitas explicações sociológicas, intelectuais, linguísticas, todas elas plausíveis. Mas não eliminam a suspeita de que se a crítica tivesse confortado e apoiado Miguel Ângelo, talvez ele não tivesse abandonado a pesquisa; e que se a historiografia tivesse, mais tarde, preservado aquela linguagem revolucionária, uma tarefa enorme teria sido poupada ao mundo. As formas abertas das fortificações talvez pudessem evitar ser corroídas e monopolizadas, numa interpretação da persuasão barroca, ou a espacialidade miguelangelesca, desprezada pela Inquisição mas valorizada pela crítica, pelo menos como hipótese e alternativa, talvez pudesse ser recuperada no curso posterior da história. Ninguém pode saber, mas ninguém pode idealisticamente tranquilizar-se, perante este exemplo colossal de desperdício, dissipação, cobardia e inconsciência crítica, que permitiu desvirilizar e obliterar uma linguagem protestatória e subversiva, entregando-a ao poder.

A saga humana em arquitectura pulula de valores não utilizados, de hipóteses deixadas em suspenso, de movimentos libertadores que eclo-

ARGUMENTOS SOBRE A LINGUAGEM DA ARQUITECTURA

diram e logo a seguir foram sufocados. A ponto de induzir ao desânimo e à exasperação. Assim que um poeta propõe uma nova ideia, a massa dos medíocres e dos pávidos apressa-se a mercantilizá-la. Triste, e natural. Mas é aqui que a crítica histórica deve intervir, impedindo que um património revolucionário seja aviltado como uma crónica insignificante. A crítica, se não se quiser reduzir ao registo passivo de cada experiência, renunciando a promover e a constituir a metodologia do fazer arquitectónico, se não quiser ser uma crítica conformista, que nunca sabe dizer *não* e por isso só diz *não* perante as coisas sérias, aqui deve resistir e fazer nova jogada.

Também hoje um grave perigo domina a arquitectura, e é ele a tendência para dissipar o património conquistado por um século de modernismo, principalmente o de um génio de estatura miguelangelesca, F. L. Wright. O fenómeno apresenta impressionantes analogias com o século XVI tardio: assistimos, desde os anos cinquenta, a um alastrar do maneirismo. Enquanto Le Corbusier se fecha num esplêndido mas incomunicável monólogo senil, Mies regressa a estruturas classicistas, Gropius cede aos vernáculos e ao império do *business*, e Aalto se satisfaz com variações neo-empíricas, a arquitectura mundial, numa loucura de evasões, contorções e arbítrios, dilapida os valores revolucionários e aliena as concepções espaço-temporais dos mestres do racionalismo europeu e de Wright, pondo-os ao serviço da publicidade e dos interesses particulares, em vez de os projectar em escala urbanística e territorial, em função de novas tarefas sociais.

Talvez a época das grandes personalidades criadoras esteja ultrapassada, como muitos afirmam; talvez a produção arquitectónica em massa e a reestruturação dos territórios imponham não só o trabalho em equipe no sentido interdisciplinar, mas mesmo a arte de grupo. Se isso for verdade, a tese aqui sustentada adquire um maior significado, uma vez que a arte de grupo nasce de um empenhamento mais crítico do que criativo, e portanto exige um método científico, uma crítica corajosa e aberta, capaz de se opor à desagregação dos valores antigos e modernos, de injectar na produção em massa as qualidades atingidas pelos grandes arquitectos na produção de elite, garantindo assim um transvase coerente da linguagem poética para a linguagem usual. Em suma, uma crítica disposta a lutar contra a tendência para o consumo gratuito dos valores revolucionários.

No panorama destes valores, emerge, soberana, a arquitectura de Wright, fruto de uma pesquisa tenaz e heróica que transformou o vazio, como dimensão negativa, «material e cúbica», para usar os termos de Riegl, num espaço de «dimensão infinita e desprovida de forma», em cavidades elaboradas para serem socialmente fruídas, cuja formação aberta nasce dos conteúdos; uma pesquisa que, em nome de uma mensagem de liberdade, ou melhor, de libertação, descarnou a caixa murária até fazer dela um diafragma numa paisagem contínua e humanizada; e integrou as estruturas numa orquestração estática que se identifica com a espacial. Por esse contributo, Wright, tal como Miguel Ângelo, foi perseguido, ofendido, escarnecido; expulso do mundo oficial, das metrópoles, da universidade, e reduzido muitas vezes à fome. Durante meio século foi condenado ao ostracismo pelo capitalismo americano, e agora o neocapitalismo tenta apagar a sua herança.

Seria na verdade um acto autolesivo, da parte daqueles que têm a intenção de construir uma sociedade nova, renunciar ao uso de uma linguagem de tão extraordinário alcance. Nenhum historiador, nenhum marxista sério pode desejar uma dissipação deste género, se já em tempos, não de degelo mas sim glaciais, Lukács definia que a superstrutura artística não se limita a reflectir a realidade: assume uma posição activa, pró ou contra uma determinada base. Mesmo admitindo que toda a arte é superstrutura, a linguagem da arquitectura moderna é de tal maneira activa contra a base que pode ser conculcada pelos poderes ditatoriais, paternalistas e neocapitalistas, mas não comprada para além das aparências. Das *prairie houses* do início do século à *Miniatura*, da obra-prima que é *Fallingwater* ao Museu Guggenheim, das casas modestas para o cidadão médio ao arranha-céus com cerca de 300 m de altura, a arte de Wright, em mais de quinhentos edifícios realizados, forjou um instrumento de uma tal energia propulsora que o acto originariamente protestatório se converteu em prefiguração concreta, verificável, de um mundo novo.

Por esta liberdade do espaço socialmente fruído lutaram todos os grandes arquitectos da história, contra o despotismo, a oligarquia, os abstractos princípios iluministas, os vínculos dos materiais e das estruturas, a retórica dos estados teocráticos e das ditaduras, a mediocridade burocrática e a usura imobiliária. Por esta liberdade dos espaços nas casas de todos, nas cidades programadas no interesse de todos, num solo de todos, deram a vida, nos campos de concentração e na Resistência, Giuseppe Pagano, Gian Luigi Banfi e, com apenas vinte e quatro anos, o estudante de arquitectura Giorgio Labò. A linguagem arquitectónica moderna é inseparável dos conteúdos revolucionários; por isso, a crítica rejeita a sua dissipação e promove o seu relançamento. No campo da ética, a proposta que a nova história, entendida como metodologia do fazer contemporâneo, exprime, pode ser resumida em duas palavras: em vez de um pessimismo resignado e de uma arte consoladora, uma arquitectura empenhada, de um optimismo rebelde.

EM DIRECÇÃO A UMA SEMIOLOGIA

Para a clarificação dos problemas colocados por Umberto Eco contribui Roland Barthes numa conferência publicada na revista *Op. cit.* nº. 10. Observa ele que «a cidade é um tecido, não composto de elementos iguais cujas funções possam ser contabilizadas, mas sim de elementos fortes e elementos neutros ou, como dizem os linguistas, de elementos marcados e de elementos não marcados». Mais adiante: «devemos observar que cada vez mais se atribui uma importância crescente ao significado vazio, ao lugar vazio do significado». Depois de ter lembrado que o centro de Tóquio, onde o palácio imperial está cercado por um profundo fosso e escondido na mancha verde, «é vivido como um centro vazio», constata: «os estudos feitos ao núcleo urbano em inúmeras cidades mostraram que o ponto central do centro da cidade, a que chamamos um núcleo duro, não é o ponto culminante de nenhuma actividade especial, mas sim uma espécie de "foco" vazio da imagem que a colectividade tem do centro». E conclui: «Temos portanto, também aqui, uma imagem de algum modo vazia que é necessária para a organização do resto da cidade».

Noutros termos: no discurso urbano, os elementos «não marcados» adquirem maior relevo do que os «marcados». Isso pode aplicar-se a toda a experiência arquitectónica, tanto à escala de edifício como à de cidade: os verdadeiros motores são os elementos não marcados, os vazios, os espaços. A semiologia, através de um dos seus expoentes máximos, confirma aquilo que todos os arquitectos sabem, ainda que muito poucos tenham isso em conta: aquilo que é válido e que dirige numa configuração arquitectónica ou urbana é precisamente aquilo que não é marcado: o espaço.

Eco, no capítulo *Os códigos arquitectónicos*, aflora o problema do espaço mas, ao reduzi-lo ao aspecto geométrico, acaba por considerá-lo muito pouco caracterizante. «Se a arquitectura é a arte da articulação dos espaços, então a codificação da articulação dos espaços poderia ser a que é dada por Euclides na sua geometria. Elementos de primeira articulação serão, então, unidades espaciais, ou *choremi*, cujos elementos de segunda articulação são os *stoichéia* de Euclides (os "elementos" da geometria clássica) e que se comporão de sintagmas mais ou menos complexos. Por exemplo, serão elementos de segunda articulação, ainda desprovidos de qualquer significado, mas providos de valor diferencial, o ângulo, a linha recta, as várias curvas, o ponto; e serão elementos de primeira articulação o quadrado, o triângulo, o paralelipípedo e a elipse, até aos limites das figuras irregulares mais ambíguas, no entanto sempre exprimíveis através de equações de qualquer género; ao passo que o jogo de dois rectângulos, um incluído no outro, já poderá constituir uma configuração sintagmática característica (em que se reconhece, por exemplo, a relação parede-janela), enquanto configurações sintagmáticas mais complexas poderão ser o cubo (tridimensional) ou as várias articulações de uma planta em cruz grega. Naturalmente, a relação entre geometria plana e geometria tridimensional poderia colocar o problema de uma terceira articulação dos elementos. E problemas sucessivos de codificação nasceriam do reconhecimento de geometrias não euclidianas». Todo este raciocínio se aproxima da realidade do espaço arquitectónico, parece agarrá-la, mas depois retrai-se. Tanto que o argumento é liquidado com a seguinte observação: «No entanto, a verdade é que este código geométrico não pertence só à arquitectura: é claro que deve ser convocado também para descrever os fenómenos pictóricos, não apenas os casos de pintura geométrica (Mondrian), mas também os casos de pintura figurativa em que, em última hipótese, cada configuração poderia ser reduzida a uma articulação (ainda que muito complexa) de elementos geométricos originais. Mas o mesmo código serve também para a anotação escrita e a descrição verbal (para acertar a forma) dos fenómenos de geometria no sentido profissional do termo (medição do terreno) e para outros tipos de levantamento (topográfico, geodésico, etc.). Enfim, em última instância, identificar-se-ia com um código gestáltico que orientaria a percepção das formas elementares. Temos então aqui o caso típico de um código que se configura quando pretendemos analisar os elementos fundamentais (de primeira e de segunda articulação) de uma "língua" diferente, capaz de servir como metalinguagem para códigos mais sintéticos».

Barthes, muito mais prudente, adverte que «quem quisesse esboçar uma semiótica da cidade devia ser ao mesmo tempo semiólogo, especialista dos signos, geógrafo, historiador, urbanista, arquitecto e, provavelmente, também psicanalista»; declarando-se «apenas um semiólogo», limita-se a exprimir a sua confiança na possibilidade de uma semiótica da cidade. Da parte do observatório urbanístico e arquitectónico impõe-se a mesma atitude reservada. Uma semiologia da arquitectura pode resultar apenas de uma pesquisa interdisciplinar entre os vários especialistas dos signos. O testemunho dos arquitectos acerca dessa futura pesquisa pode no entanto desfazer um grande equívoco: a redução do espaço arquitectónico à geometria plana ou tridimensional, euclidiana e não-euclidiana, que deve ser absolutamente rejeitada.

É evidente que, ao postular a identidade entre espaço e geometria, o código espacial deixa de pertencer apenas à arquitectura. Mas o erro consiste justamente nessa identificação. Existe, sem dúvida, uma realidade espacial na pintura e na escultura; e mais ainda nos volumes arquitectónicos. Mas o espaço específico da arquitectura é muito diferente dos outros espaços, é qualificado pelo vazio fruído, por cavidades funcionais não redutíveis à geometria. Qualquer articulação do espaço arquitectónico – ângulo, linha recta, curvas, ponto, quadrado, triângulo, paralelipípedo, elipses, figuras irregulares ambíguas, rectângulos inscritos um no outro – não tem qualquer validade, pois a geometria (basta pensar nos desenhos de Borromini) pode oferecer um método de verificação mas não explicar o processo genético de uma imagem. A tarefa de medir um terreno e o levantamento topográfico e geodésico nada têm em comum com a operação arquitectónica criadora de espaços; quando muito, são comparáveis à não-arquitectura, isto é, à arquitectura que deriva de mecanismos geométricos e é desprovida de elaborações espaciais. E é muito discutível se o significado de um quadro de Mondrian pode ser captado através da geometria. Que ela sirva para compreender Brunelleschi, Miguel Ângelo, Borromini ou Wright, é de excluir. Pensar a arquitectura em termos geométricos implica vê-la estaticamente, espaço pintado e não vivido; na prática, é matá-la.

Daqui nascem as reservas acerca das conclusões de Eco, e principalmente acerca da tese: «a arquitectura parte, talvez, de códigos arquitectónicos existentes, mas na realidade apoia-se noutros códigos que não são os da arquitectura» e que dizem respeito à sociologia, à política, à psicologia, à antropologia, à semiologia, e assim por diante; «o arquitecto é continuamente obrigado a ser algo mais do que ele mesmo». Sem dúvida, mas o mesmo acontece ao poeta, ao romancista, ao pintor, ao músico. Afirmar que a poesia, a pintura e a música são independentes do mundo exterior não é convincente; que a arquitectura se apresenta como um dos capítulos «da práxis como comunicação» é exacto, mas as outras artes também constituem outros dos seus capítulos. O axioma da não existência de um código arquitectónico deve ser refutado; ele só não existe se se negligenciar o espaço específico da arquitectura, lá onde sociologia, política, psicologia, antropologia e semiologia se incorporam na realidade arquitectónica.

Numa das primeiras páginas do ensaio, Eco afirma: «se há comunicação, a mesma deve estabelecer-se na medida em que o emitente organiza uma mensagem com base num sistema de regras socialmente convencionadas (ainda que a nível não consciente), que é o código... Se não o descobrirmos, não quer dizer que ele não exista, mas que teremos ainda de encontrá-lo. Pode ser que seja um código muito fraco, transitório, que se formou há pouco e que em breve se há-de reestruturar, mas tem de existir». Atitude acertada e aberta, que as conclusões não devem desmentir. Aqui apresenta-se a hipótese de o código arquitectónico poder ser localizado concentrando a pesquisa no espaço; uma semiologia da arquitectura assim fundamentada permitirá ao arquitecto ser, antes de mais nada, ele mesmo.

POBREZA DA FILOSOFIA DA RECUPERAÇÃO

Numa página esclarecedora sobre o desgaste e recuperação das formas, Umberto Eco argumenta acerca de um fenómeno que, no campo arquitectónico, se manifestou com inusitada virulência: a corrida à redescoberta e à revalorização do *liberty* ou da arquitectura vernácula, do classicismo purista de Ledoux ou de temáticas borrominianas, do mundo adrianiano e do vitoriano, dos mais variados estilos antigos e pseudo-antigos na decoração e até nos revestimentos de cozinhas e quartos de banho. Um suceder-se quase delirante de referências ao passado, depressa frustradas porque, em substância, equívocas e infecundas.

«Um aspecto paradoxal do gosto contemporâneo é que o nosso tempo, se parece um tempo de rápido desgaste das formas (porque de rápida rotação dos códigos e das tendências ideológicas), é, na verdade, um dos períodos históricos em que as formas se recuperam com maior rapidez, e se conservam para além da aparente obsolência. O nosso é um tempo de consciência e agilidade filológica que, com o seu sentido da história e da relatividade das culturas, está aprendendo a "fazer filologia" quase por instinto». Mas de que tipo de filologia se trata? Há aí um aspecto sem dúvida positivo: aprendem-se os códigos de leitura de formas já obsoletas, e revelam-se personalidades grandiosas e obras esplêndidas que permaneceram por muito tempo na sombra. A mensagem do passado, porém, separada do contexto original e introduzida no âmbito dos léxicos de hoje, mostra-se deformada e aberrante, um «ruído semântico». De facto, que significado pode ter o código de uma casa rural na *villa* de um milionário, ou o barroco num frigorífico? É «como uma grande operação *pop*, aquela que – caracterizando-a já como técnica do *ready made* surrealista – Lévi-Strauss definia como uma "rotura semântica", uma descontextualização do signo e a reinserção deste num novo contexto que o carrega de diversos significados». Com que objectivo? Com que consequências?

«Também no passado ocorriam fenómenos de redescoberta filológica das retóricas e das ideologias passadas, revividas num misto de filologia e rotura semântica. Que outra coisa foi o Humanismo, que outra coisa foram aqueles humanismos antecipados, representados pelas desordenadas e vitais redescobertas do espírito clássico efectuadas pela Idade Média carolíngia ou pela escolástica do século XIII? Só que então a redescoberta dos códigos e das ideologias, efectuada como era, sem pressas, comportava uma reestruturação global das retóricas e das ideologias contemporâneas. Ao passo que hoje a dinâmina apressada da redescoberta e da revitalização se desenvolve em superfície, e não ataca o sistema cultural de base; aliás, a própria corrida à redescoberta configura-se como uma técnica retórica já convencionada, que de facto remete para uma ideologia estável do mercado livre dos valores passados e presentes. O nosso tempo não é apenas o tempo do esquecimento, é o tempo da recuperação; mas a recuperação, numa sístole-diástole de aceitação e repulsa, não revoluciona as bases da nossa cultura. O jogo da redescoberta filológica das retóricas e das ideologias configura-se como uma imensa máquina retórica que conota globalmente (e que se rege por) uma ideologia estável, a da "modernidade" como "tolerância" de todo o passado. Uma ideologia suficientemente elástica permite ler todas as formas sem que nenhuma delas incida sobre a ideologia; permite assumir todas as ideologias do passado como chave de uma leitura que já não nos dá informações, porque todos os significados foram adquiridos, previstos, permitidos».

Daí resulta, tanto em termos intelectuais como artísticos, um desperdício indescritível: o património filológico assim instrumentalizado permanece mudo, deixa de emitir mensagens: «a vida das formas pulula destes gigantes vazios de sentido, ou com um sentido demasiado pequeno para um corpo tão volumoso, gigantes que só podemos justificar enchendo-os de sentidos desmesurados, fabricando de qualquer maneira códigos de enriquecimento que nada justifica»; enriquecimento gratuito e artificial, que na verdade é empobrecimento e anulação. Vendo bem, a operação pseudo-histórica regressa à técnica do *styling*, «um redesenhar da veste simbólica para funções que não mudaram, um enriquecer com novas conotações (de acordo com mudanças superficiais de perspectiva ideológica) uma indicação funcional de base que não se alterou, como não se alterou o fundo de uma cultura construída sobre mecanismos e sobre a sua eficiência». Voga de novos pruridos epidérmicos sobre estruturas espaciais e volumétricas velhas, irremediavelmente estáticas. «Talvez o fenómeno pudesse ser reportado àquilo que Nietzsche indicava como a "doença histórica" do mundo moderno. Um excesso de consciência que não se transforma em renovação, e age, portanto, a título de narcótico».

Neste ponto, o estudioso de semiologia podia deter-se; estando assente que não existe nenhuma perspectiva «nos ciclos de redescoberta e obliteração que o nosso mundo efectua sobre as formas já produzidas – e que pertencem justamente ao reino da moda, da proposta comercial, do divertimento lúdico», não é tarefa sua indicar soluções.

Mas Eco é também o teórico da «obra aberta», um crítico moderno que, parafraseando Argan, «não se coloca fora ou em cima da situação, como uma assembleia judicante, antes age no interior da problemática artística contemporânea, como um aparelho necessário para verificar os procedimentos em acção». Ele preocupa-se, portanto, com a transformação do «salto para trás» da filologia num «salto para a frente» da arquitectura, subtraindo por isso o arquitecto à actual condenação dupla de ser «vítima da obsolência e do desgaste» e «protagonista passivo de uma recuperação». A indicação é peremptória: «projectar funções primeiras variáveis e funções segundas abertas, ou seja, edifícios flexíveis quanto ao uso, e polivalentes quanto à comunicação simbólica; o que «implica uma invenção (não uma redescoberta) de novos códigos», e já não o exercício lúdico de «uma filologia fácil em relação ao passado».

«O problema é este: se "recuperar" uma cidade morta, talvez descubra códigos retóricos obsoletos e fundos ideológicos esquecidos, mas o jogo da recuperação, já foi dito, autoriza-me a tudo, sem que por isso tenha de mudar os esquemas ideológicos segundo os quais efectivamente me movo. Mas se dispuser de uma nova macro-estrutura urbanística que desafie a minha concepção habitual da cidade, e tiver de inventar um modo de dispô-la para decidir como habitar, estão em causa duas coisas: os meus códigos de base, que tenho de reestruturar para perceber o que farei, e a minha perspectiva ideológica, porque, como é óbvio, terei de me decidir a comportar-me, globalmente, de maneira diferente. O projecto de formas novas, de novas retóricas que comportem a possibilidade de mudança e a reestruturação das perspectivas ideológicas, é uma coisa diferente da consciência filológica com que me deleitava a redescobrir as formas do passado para as inserir (rotura semântica) nos meus contextos habituais. Lá, redescobria formas gastas; aqui, dou novos significados a formas nascidas para se transformarem, mas que só se podem transformar se eu o decidir e se decidir quais as orientações da transformação».

Esta conclusão presta-se a ser mal compreendida. Quase parece que se põe um dilema entre recuperação pseudo-historicista e utopia: por um lado, a exumação de códigos antigos; por outro, a invenção de um código, e portanto de uma ideologia, totalmente novo, imune a qualquer relação com o passado. Não é sequer considerada e discutida a solução propriamente histórica do problema, a que se baseia na experiência do modernismo, nos códigos deriváveis das obras dos grandes mestres, Wright e Le Corbusier, o Gropius da Bauhaus, o Mies do pavilhão de Barcelona, o Mendelsohn da Torre Einstein. Concebidos segundo «funções primeiras variáveis e funções segundas abertas», esses códigos não estão ainda sujeitos à obsolência e ao desgaste, e não requerem recuperações filológicas, enriquecimentos extrínsecos, mecanismos de *styling*. Quem é que poderia afirmar a sério que a Casa sobre a Cascata ou o Museu Guggenheim, a capela de Ronchamp, o dormitório do MIT, de Aalto, ou a Filarmónica berlinense, de Scharoun, propõem funções primeiras invariáveis e funções segundas fechadas? Se a via de recuperação é falível e conduz ao ruído semântico, a das hipóteses forjadas *ex novo* possui sem dúvida os atractivos, mas também os defeitos substanciais, das posições utópicas. Se não houvesse outro caminho, também nós optaríamos pela simples invenção. Mas a história da arquitectura moderna é ainda tão vital e cheia de valores por explorar, que seria absurdo esquecê-la.

E não é o bastante: a crítica moderna da arquitectura relê o passado, não para estimular recomeços ou «citações», mas para entender e actualizar métodos de projectar que, para lá das formas e dos significados, se apresentam, como nunca, vivos e «modernos». O estudo de Borromini, por exemplo, pode conduzir a um melancólico neo-borrominismo; mas também, para quem sabe ler com novos olhos aquela heresia, ao *Habitat* de Montreal. Todo o passado é moderno, se a tensão criadora contemporânea o resgatar em sentido propulsor.

O problema de fundo, portanto, diz respeito à consciência histórica do modernismo. Inseridas nela, as próprias recuperações tornam-se fontes de enriquecimento positivo, e o vector utópico funciona como fermentação e relançamento. De outro modo, não há esperança de mudar as ideologias, os signos e os significados, produzindo uma renovação cultural concreta. As utopias, não menos do que as recuperações, actuam «a título de narcótico».

ELENCO OU SISTEMA

No estado actual de confusão linguística, talvez seja oportuno referirmo-nos às origens do modernismo, às *Arts and Crafts*, aos modos de expressão daquele capítulo de história que vai da Casa Vermelha, construída por William Morris em 1859, à literatura de Voysey e à poesia de Mackintosh. De facto, temos motivos para suspeitar que a maior parte dos arquitectos contemporâneos não adquiriu ainda intimamente um princípio elementar sobre o qual se apoia todo o processo de renovação compositiva ocorrido no último século.

Umberto Eco, descrevendo a técnica da acumulação e do elenco, típica da latinidade tardia e da Alta Idade Média, explora os temas numa ampla perspectiva metodológica. «O gosto medieval comprazia-se com a agregação de elementos simples, cor viva contra cor viva, topázio sobre berilo, crisópraso sobre diamante, ónix com jaspe, safira com esmeralda... Assim como no tesouro do Duque de Berry, mais tarde, se elencarão um elefante embalsamado, uma hidra, um basilisco, um ovo que um abade tinha encontrado dentro de outro ovo, maná do deserto, um corno de unicórnio, o anel de noivado de São José, nozes de coco, dentes de baleia e conchas dos Sete Mares. Onde, como se vê, não é tanto o valor do simples objecto que conta, mas sim a possibilidade de juntar muitos e os mais díspares». Desta anedota extrai-se um conceito importante: «É evidente que o elenco não é apenas um costume, é um modo de pensar. É uma renúncia a ver o mundo ordenado de outro modo que não seja a convivência das coisas deixadas ao lado umas das outras, tal como são, sem que alguma coisa tenha intervindo para as submeter à ordem da razão que classifica». Acrescenta Eco: «Mas, pensando bem, o elenco também é uma forma de ordem, só que é a mais imediata, fácil, disponível, preliminar: o inventário antecede sempre a classificação». Aqui nasce uma distinção: «O elenco afigura-se-nos uma técnica bifendida, e pode querer dizer duas coisas diferentes. Para os homens da Alta Idade Média, o inventário apresentava-se como a única opção possível num mundo feito de muralhas em ruína e invasões de bárbaros; e não é por acaso que nos momentos "decadentes" a técnica do elenco volta a ser boa». Mas no *Ulisses* de Joyce, no *nouveau roman*, nas *assemblages* à Arman, nos repertórios do mundo industrial da *pop-art*, «o elenco não é a agregação daquilo que já não se sabe coordenar: é a desorganização desejada de um mundo dado (e não aceite), reduzido ao elenco precisamente para nos sentirmos mais livres e inventivos em relação a uma forma que lhe deverá ser conferida». E conclui: «Através de duas maneiras de sentir o elenco, a poética dos objectos permanece como uma oscilação exemplar entre um elenco como renúncia e um elenco como projecto».

Elenco ou sistema, portanto, inventário ou classificação: eis o dilema, a escolha que também o arquitecto deve fazer se quiser ser eficaz. É preciso perceber o que implica, hoje, para nós.

Elenco como renúncia. A que valores? Evidentemente, aos valores gastos por uma tradição compositiva hoje inaceitável. A romanidade tardia entrega-se ao elenco em polémica contra o classicismo helenizante e as concepções estáticas do espaço. A Alta Idade Média regressa ao elenco para contestar a linguagem bizantina, as suas fluências e dilatações, a sua imaterialidade dogmática. William Morris promove uma poética do elenco em alternativa aos formalismos do ecléctico século XIX. Quando a classificação precede o inventário, quando o «estilo» uniformiza e comprime as funções, dá-se um acto de renúncia, de oposição ao sistema. Aposta-se nos factos, nas realidades, nas *paroles*, reconhecendo os fenómenos por aquilo que são, fora da superstrutura que os enlata. Em termos de arquitectura, isso leva-nos a emanciparmo-nos dos cânones compositivos e dos preceitos formais, das leis da simetria e do equilíbrio, das «ordens», das sequências regulares de vazios e cheios, dos ritmos, do gosto por figuras geométricas simples ou prismas puros, e principalmente dos tabus das proporções.

Diz-se *não* a todos os ensinamentos académicos, recusa-se a síntese. Os arquitectos da romanidade tardia desfazem as estruturas unitárias, agregam e acumulam os elementos de um discurso que já não é sentença mas sim um modo de narrar contínuo. Os mestres da Alta Idade Média desmistificam o aparato ideológico oriental com atitudes pragmáticas de uma brutalidade incrível. Os expoentes das *Arts and Crafts*, reflectindo-se na experiência medieval, agem analiticamente, ambiente por ambiente, janela por janela, tema por tema, sem se preocupar com o resultado final. Renúncia? Antes um impulso de verdadeira revolta contra as convenções: o elenco é um método de projectar, difícil e absorvente porque obriga a pensar, reelaborando a própria semântica arquitectónica e verificando, *ab ovo*, cada uma das suas componentes.

É caso para nos perguntarmos: quantas obras construídas nos últimos anos têm em conta a lição que está na raiz do modernismo, ou seja, da metodologia do elenco? Quantos docentes nela descobrem um instrumento didáctico essencial, ou antes, quantos admitem a sua legitimidade? Na instável oscilação entre «utopia» e conformismo, o elenco não encontra lugar. Raciocina-se de acordo com velhas normas: intervalos, consonâncias, proporções de fachadas, de plantas e volumes; ou então cede-se ao arbítrio, ao informal, às cenografias complicadas, isto é, deixa-se de raciocinar. Quem é que tem ainda a coragem e a persistência para pesquisar as funções reais, para descrevê-las, para configurar cavidades, invólucros e superfícies, sem se preocupar com o efeito artístico no sentido previsível, *Beaux-Arts*, do termo?

Depois das *Arts and Crafts*, o elenco foi adoptado por algumas figuras da *Art Nouveau*, em especial por Olbrich; encontramos vestígios dele em Loos, em Gaudí e, mais tarde, no *Bay Region Style* da Califórnia e no *Novo Empirismo* escandinavo. Mas desapareceu do racionalismo europeu, todo dedicado a formular um sistema. Para sermos exactos, a decomposição do objecto nos seus elementos, núcleo da pesquisa De Stijl, esclerosou-se num mecanismo, na desagregação do volume em planos e na sua montagem. A mentalidade classificadora invadiu a cultura urbanística e arquitectónica. De nada serviram as referências à teoria da relatividade de Einstein, ao princípio de indeterminação de Heisenberg, à música aleatória, à *pop-art*. Do elenco até os jovens têm medo: a ideia de uma composição «irregular» atrai para o campo folclórico, nos vernáculos rançosos usados por turistas neurasténicos; como dedicação séria, de investigação profunda da realidade específica e de recuperação semântica, cria um trauma. Quando John Johansen defendeu um método de projectar baseado no critério da imprevisibilidade, quase provocou um escândalo.

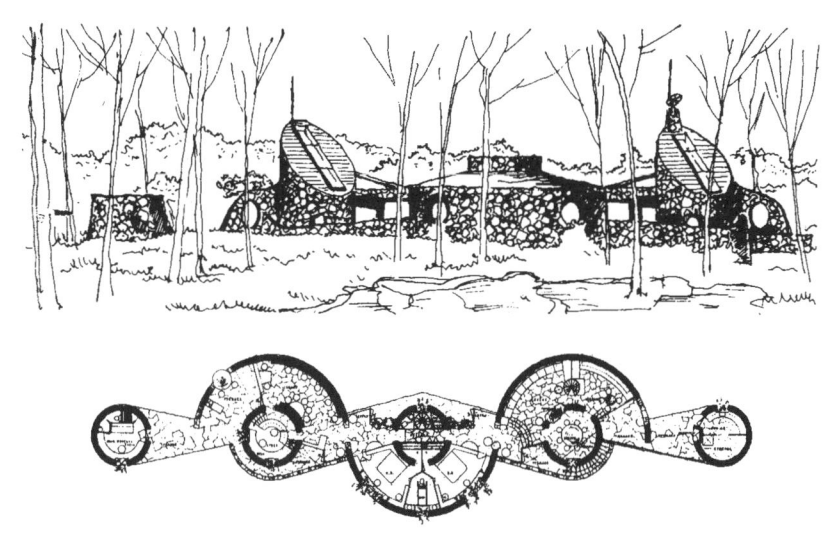

28. Esboço e planta da casa Duncan, projectada por Bruce Goff em 1965. A metodologia do elenco caracteriza a arquitectura dos seguidores directos e remotos de Frank Lloyd Wright. No entanto, frequentemente, as partes decompostas são de novo ligadas em sequências simétricas que submetem a sua especificidade, dentro de um ritmo classicista.

Eco afirma que o elenco é a forma de ordem mais imediata. Certo, mas só em abstracto. Para os arquitectos, despir-se da bagagem académica é empresa árdua, angustiosa, que exige uma concentração intensa e pungente. Qualquer sistema está bem para os preguiçosos: neoclássico, neobarroco, pseudo-racionalista, basta que seja aplicável sem esforço e adornado de citações, muitas vezes falsas ou mal compreendidas, de monumentos áulicos ou «menores», desde que tradicionais.

Este convite para reexaminar a validade do elenco como metodologia do projecto poderá parecer estranho. Se Wright, Le Corbusier e Aalto foram muito mais além, porquê voltarmos ao acto de nascimento do modernismo? A resposta está no cenário arquitectónico que nos rodeia, na extraordinária distância que separa o génio e a elite da profissão. É certo que a poética do elenco não é uma proposta de vanguarda; mas recupera um valor que a maior parte dos arquitectos não utiliza e, geralmente, nem sequer compreende. Estamos atolados na academia e nas suas contra-faces evasivas. Já ninguém medita de modo sério, já não digo em Wright, mas nem tão-pouco nos edifícios de Gropius em Dessau, que, à sombra da influência neoplástica, conservam as marcas das indicações de Morris. É preciso, pois, repensar a nossa história desde o princípio, desde aquela origem que é etapa obrigatória e meio de verificação, desde o elenco, entendido no seu duplo sentido: renúncia às convenções, projecto de novas realidades.

PROSSÉMICA E DIMENSÃO EXTRADISCIPLINAR

«Grande parte do sucesso de Frank Lloyd Wright é devido ao facto de as suas obras reflectirem o mais vasto conhecimento das experiências espaciais peculiares a diversos povos. O velho Hotel Imperial de Tóquio proporciona aos ocidentais um conjunto compacto de estímulos visuais, cinestésicos e tácteis, que fazem sentir que estamos noutro mundo: mudanças de nível, escadas em caracol e como que escavadas nas paredes, longos vestíbulos, paredes literalmente ao alcance da mão. Verdadeiro artista na escolha dos materiais, usou tijolos toscos, mais de um centímetro salientes dos interstícios de argamassa lisa e dourada. Ao caminharmos, somos quase compelidos a fazer deslizar os dedos sobre as ranhuras. Certamente, o arquitecto não pretendia que as pessoas se comportassem desse modo: obedecer a esse impulso equivaleria a correr o risco de ferir um dedo. Com esse artifício, queria tornar mais intensa e penetrante a experiência espacial, envolvendo os visitantes no jogo das superfícies arquitectónicas».

Nasce uma nova ciência, a *prossémica*, que, seguindo o caminho percorrido pela linguística em relação ao universo dos sinais verbais, estuda o uso do espaço e o significado das distâncias entre os sujeitos humanos como elaborações específicas da cultura, tendo em vista determinar uma técnica de leitura da espacialidade como se fosse um canal de comunicação. Pois bem, Wright torna-se imediatamente o seu herói, revelando mais um parâmetro do seu génio.

Qual é o núcleo das teorias expostas por Edward T. Hall no volume *A Dimensão Escondida*? Do mesmo modo que os homens são prisioneiros da língua que falam, verdadeiro elemento constitutivo da formação do pensamento, também habitam mundos sensoriais diferentes: «o crivo selectivo dos dados sensoriais deixa filtrar certas notícias, excluindo outras, de maneira que a experiência, tal como é percebida através de uma determinada série de filtros sensoriais, é completamente diferente da experiência percebida por outros que têm um ambiente cultural diferente. A paisagem arquitectónica e urbanística que se cria à nossa volta é a expressão desse processo de filtro e de crivo. Com efeito, a partir do *habitat* é possível saber como os diversos povos usam os sentidos». O homem moderno encontra-se em condições de poder plasmar quase a totalidade do mundo em que vive; «as nossas cidades estão a criar novos tipos de pessoas nos seus *slums*, manicómios, prisões e subúrbios». Mas, se se considerar «quanto pouco sabemos do homem», é assustador pensar que estamos determinando «qual o género de organismo» que ele será no futuro. Daí a pesquisa: em primeiro lugar, sobre as distâncias que se estabelecem entre os animais, isto é, sobre as suas exigências de territorialidade ou domínio sobre uma área, de que dependem o comportamento, a agressividade, os graus da sua capacidade de suportar os ambientes superpovoados; depois, sobre os receptores humanos, desde os imediatos, do olfacto, da pele e dos músculos, aos mais evoluídos, do ouvido e da vista. Daí derivam análises do «espaço térmico», do «espaço táctil», do «espaço visual».

Elucidativa, na pesquisa antropológica, a distinção, de resto largamente adoptada, entre «espaço pré-ordenado» (um local para cada função), «espaço semi-determinado» (variedade de funções no mesmo local), e «espaço informal», para o qual são válidas quatro categorias de tipos de relação (íntimo, pessoal, social, público), variáveis de acordo com os costumes, que o autor examina comparativamente, primeiro no contexto intercultural de alemães, ingleses e franceses (na organização do espaço urbano europeu, o sistema espanhol e francês «em estrela radiante» implica uma função social, enquanto o sistema «em grelha», levado pelos romanos para Inglaterra, requer a fuga social), e depois nos mundos japonês e árabe, diametralmente antitéticos no grau de envolvimento.

As conclusões coincidem com as premissas. Eis uma ampla selecção das mesmas: «É necessário que arquitectos, urbanistas e construtores gravem na sua mente que, para evitar a catástrofe, devemos começar a ver o homem como um "interlocutor" do seu ambiente: um ambiente a que, por sua vez, eles dão forma, sem se preocupar com as necessidades prossémicas do homem». «Os urbanistas deveriam começar a pensar na possibilidade de vários tipos de cidade, adaptados aos povos que as habitam, ou seja, coerentes em relação aos seus sistemas prossémicos». «Nas cidades americanas, os grupos étnicos maiores conservam os seus traços distintivos durante várias gerações, mas os planos arquitectónicos e urbanísticos muito raramente têm isso em conta». «Psicólogos, antropólogos e etólogos quase nunca são chamados a fazer parte, em posição proeminente, das comissões para o plano regulador das cidades». «Os *slums* são mais angustiantes de se ver, mas os casões que os substituem são muitas vezes mais incómodos e desagradáveis para neles se viver». «É de importância fundamental que a "escala", factor-chave na execução do projecto de cidades, bairros e complexos construídos, seja coerente com a escala étnica, uma vez que cada grupo parece ter a sua». «O grau de envolvimento sensorial e o uso do tempo, específicos dos vários povos, determinam o limiar do superpovoamento, e sugerem também as medidas de prevenção e defesa». «Os urbanistas deveriam empreender o caminho da criação de espaços apropriados para a promoção e a consolidação dos oásis étnico-culturais. Isso servirá dois objectivos: primeiro, dará assistência à cidade e ao território étnico durante o processo de transformação que converte a gente do campo em gente da cidade; segundo, reforçará os controlos sociais que combatem a anarquia. Temos de encontrar a maneira de tornar o "gueto" respeitável». «Nós, americanos, dando mais atenção ao conteúdo do que à estrutura ou à forma, somos levados a minimizar a importância do ambiente cultural. Temos tendência para negligenciar a influência da forma de um edifício sobre as pessoas que estão dentro dele, ou as consequências do superpovoamento no modo de se comportar dos negros, ou as dificuldades que eles encontram quando, com uma sensibilidade condicionada pela sua cultura tradicional, têm de se adaptar a uma escola "branca" e a métodos de estudo "brancos". O resultado mais grave deste hábito mental foi a recusa obstinada de reconhecer a existência de culturas diferentes no interior dos Estados Unidos… Devido a um verdadeiro "preconceito a-cultural", vamos ao ponto de pensar que todas as diferenças entre os povos são apenas superficiais».

O passo final está tingido de pessimismo: «O homem, por mais artifícios que opere, nunca se poderá desenraizar da cultura original, porque ela penetrou tão profundamente nas pregas do sistema nervoso, que determina a sua percepção do mundo. Grande parte da cultura permanece escondida no inconsciente, fora do controlo da vontade, constituindo a urdidura e a trama da existência humana. Mesmo quando pequenos fragmentos desse tecido secreto são trazidos à consciência, será sempre difícil modificá-los, não só porque se manifestam em experiências extremamente pessoais, mas principalmente porque estão na base da cultura, e as pessoas não podem agir e interagir de alguma maneira significativa a não ser com a mediação da cultura. É um erro grave agir como se o homem, de um lado, e as casas, as cidades, a tecnologia e a linguagem, do outro, fossem entidades separadas. O homem e o complexo das suas extensões constituem um único sistema de inter-relações».

Perante as peremptórias teses de Hall somos induzidos a levantar duas reservas. Primeiro, a necessidade de individuação não pode ser confinada ao grupo étnico; abrange também a família e o indivíduo. Não basta dizer: para cada povo um estilo, uma trama espacial. Wright defendeu uma ideia mais avançada: para cada homem, um estilo.

A segunda objecção refere-se ao quadro ideológico, afectado não só por uma visão excessivamente estática dos hábitos espaciais, mas também por uma dose notável de iluminismo. Quase parece que basta perceber as exigências e satisfazê-las de modo a-crítico para salvar o mundo. O problema, porém, não consiste no «o que», mas sim no «com quem» se projecta, isto é, na dimensão extradisciplinar da arquitectura, a única que permite intervenções orgânicas, mas activas e renovadoras.

POÉTICA DA «OBRA ABERTA»

Indeterminação, ambiguidade, polivalência e desordem qualificam a produção artística contemporânea, pelo menos a mais comprometida e provocatória. Emergem «modos de formar», de ver e de sentir, conscientemente diferentes dos tradicionais. A poesia e a pintura informais, a música serial pós-dodecafónica, o encontro do Ocidente com o *Zen* e a poética de James Joyce indicam um processo comum: a rejeição dos conceitos clássicos de continuidade, lei universal, relação causal, previsibilidade dos fenómenos, fórmulas gerais capazes de «explicar» o mundo, a vida ou a história. A própria estrutura da obra mudou, na medida em que a autonomia concedida a quem a interpreta ou a frui é imensamente mais vasta. O compositor deixou de criar um modo definitivo e concluído, guiando o executor ou o espectador numa direcção unívoca, e como que se limita a entregar os pedaços de um *mecano*, desinteressando-se da sua montagem. A sucessão das frases musicais, a intensidade dos sons e até a duração das notas são confiadas à livre interpretação. A obra é «aberta», pode ser lida e vivida independentemente de qualquer prescrição sobre «a maneira certa» de escutar ou de ver: «a abertura e o dinamismo de uma obra consistem no tornar-se disponível para várias integrações e complementos produtivos concretos, canalizando-os *a priori* no jogo de uma vitalidade orgânica que a obra possui, mesmo se não está acabada, e que parece ser válida embora prevendo resultados diversos e múltiplos».

Explorando o assunto em *Obra Aberta*, Umberto Eco coloca-se duas questões: 1) a «abertura» constitui uma característica essencial da arte contemporânea, ou pode verificar-se também em experiências precedentes? 2) a nova estrutura formal é sintoma de progresso ou de alienação?

A análise da «forma aberta» barroca responde à primeira interrogação. Negando a definitividade estática da forma clássica renascentista, as leis axiais, as proporções e as simetrias, acolhendo uma visão movimentada e ilusória dos espaços e dos volumes, obrigando o observador a deslocações contínuas para apreender uma obra em perpétua mutação de acordo com os pontos de visão, e com «efeitos» sempre diferentes, o barroco apresenta uma primeira manifestação da cultura e da sensibilidade modernas; «no entanto, também essas são conclusões a que chega a crítica actual e que a estética hoje pode coordenar em leis; mas seria arrojado descobrir na poética barroca uma teorização consciente da obra "aberta"». Deve sublinhar-se a reserva: a crítica procura na história os germes dos fenómenos contemporâneos, relê e verifica numa perspectiva moderna, mas deve abster-se de atribuir à «vontade artística» do barroco uma intenção que lhe era estranha. A «forma aberta» de Seiscentos era ditada pelo programa de persuadir e propagandear, pressupunha um finalismo e substanciava uma sociedade autoritária.

Mais complexa é a segunda pergunta. A «obra aberta» é «o convite a uma liberdade que, exercida ao nível da fruição estética, não poderá deixar de se desenvolver também no plano dos comportamentos quotidianos, das decisões intelectuais, das relações sociais», ou encarna «a própria crise da nossa visão do mundo; de modo que, perdendo-se no registo destas aporias, e mimando-as, renuncia a pronunciar-se sobre o homem, tornando-se uma cómoda forma de evasão, a proposta de um jogo metafísico a alto nível intelectual, no qual o homem sensível é levado a desviar toda a sua energia e esquecer assim – experimentando através das formas da arte as formas possíveis do mundo – a sua acção sobre as coisas»? Ou ainda: «rejeitar a tonalidade na música significa rejeitar, juntamente com a tonalidade, aquelas relações hierárquicas e imobilistas que vigoravam na sociedade autocrática e conservadora que os expressou, ou significa apenas transportar, a nível formal, conflitos que deveriam desenvolver-se, sim, no plano das relações humanas concretas? E essa transposição assume o valor de estímulo e de proposta imaginativa, ou somente de álibi cultural e de diversão das energias?... Talvez seja conveniente reduzir a pergunta aos seus termos mais brutais, porque ocorrem casos em que ela assume também essa forma: a chamada vanguarda actual e a revolução das formas que comporta não será talvez a arte típica de uma sociedade neocapitalista e, por conseguinte, o instrumento de conservação iluminada que tende a satisfazer as inteligências com a edificação de um "milagre cultural" que nos provoca as mesmas apreensões que o económico?»

O dilema entre implicações subversivas ou reaccionárias dos factos da arte não pode ser resolvido em linha de princípio: o juízo remete, da estrutura formal e da tendência, para o valor individual da obra. Mesmo no âmbito do modernismo, raros são os poetas autênticos, e por isso os produtos realmente revolucionários são poucos; o resto é moda: «Cada vez que, na arte moderna, se deu um autêntico movimento de rebelião, de negação de um mundo esclerosado, de proposta de um mundo novo, seguiu-se imponderadamente a academia daqueles que se encarregavam das formas exteriores, das técnicas, das atitudes e dos elementos de estilo do protesto original, para construir variações sobre o tema, inúmeras, correctas, escandalosíssimas, porém inócuas, verdadeiramente conservadoras a todos os níveis. Isto acontece com a literatura, a pintura, a música, hoje como ontem. Mas a fecundidade da situação está precisamente nessa sua capacidade dialectal. As suas possibilidades residem nesse grito de propostas e regressões, protestos e aquiescências».

Naturalmente, acontece também com a arquitectura. Os princípios da «planta livre», da mobilidade dos sete divisores, da possibilidade de transformação do organismo construído, a visão espaço-temporal que eliminou a hierarquia dos quadros perspécticos, deixando a quem observa e sobretudo a quem frui os espaços a possibilidade de «construí-los» de modos sempre novos, atestam que a poética da arquitectura moderna é direccionada para uma estrutura «aberta». E não é por acaso que a qualificação de «aberto» é hoje aplicada ao plano regulador, ao tecido urbano, à cidade-região. Mas isso não oferece nenhuma garantia de estar na onda revolucionária ou, pelo menos, protestatória. O neocapitalismo aceita a obra «aberta» em qualquer fábrica ou bloco de escritórios. O «modo de formar» é análogo, quer tenda a preparar um mundo melhor quer fuja para a alienação formal, tecnicista, funcionalista ou, de algum modo, instrumental. No âmbito da poética «aberta» da época, é preciso verificar a validade dos conteúdos e das suas expressões. Nesse sentido, o seguinte passo de Eco assume um relevo fundamental:

«Pense-se na situação do arquitecto no mundo contemporâneo e nas relações tão imediatas entre o seu trabalho e o mundo humano que o rodeia. E pense-se numa figura como a de Frank Lloyd Wright, nas suas obras realmente abertas, inseridas numa relação móvel e variável com o ambiente circundante, capazes de mil adaptações perspécticas, ao mesmo tempo estímulos de uma inspecção estética e de uma rica integração entre habitante, casa e ambiente natural. No entanto, será que essas construções não reflectem, em última instância, um ideal individualista e que não se apresentam como solução aristocrática num período histórico que, em vez disso, pedia ao arquitecto a solução, através da sua arte, dos grandes problemas de convivência? Então Wright, com as suas formas exemplares, foi o artista de uma sociedade fechada que não soube sentir os grandes problemas do mundo que o rodeava? Ou antes não deu, hoje, soluções para o amanhã, trabalhando com um século de antecedência no mundo em que vivia, concebendo a casa para uma sociedade perfeita em que seja reconhecida ao homem toda a sua estatura e a arquitectura lhe garanta que se libertou da redução a número, uma relação pessoal e inventiva com o seu ambiente físico? Então, as formas de Lloyd Wright foram a última flor de uma sociedade hoje impossível ou a proposta profética de uma sociedade possível – pela qual não ele, enquanto trabalhava ao nível das formas, mas os outros eram chamados a operar no plano das relações práticas?» É evidente que, no contexto, a interrogação é retórica. Pode-se duvidar do Seagram Building e discutir acerca de Ronchamp. Mas a arquitectura de Wright apresenta «soluções» certas «para o amanhã».

PARA UMA ARQUITECTURA SEM EDIFÍCIOS

É o oposto da «arquitectura sem arquitectos», sob cujo signo Bernard Rudofsky celebra a arquitectura pré-histórica, vernacular, anónima. Nathan Silver afirma: estamos num beco sem saída porque não conseguimos desencalhar do formalismo académico que polui também Gropius, Le Corbusier, Louis Kahn. A arquitectura é arte? Talvez, embora existam «péssimos edifícios belos» e, ao invés, «belíssimos edifícios feios», como em Las Vegas. É preciso, portanto, apontar para uma concepção mais produtiva e actualizada dos conteúdos. «Tenho em mente a noção de que a arquitectura é um sistema de gente, não um sistema de coisas. Uma arquitectura sem arquitectos é impossível, uma vez que a intenção do uso é tudo, mas uma arquitectura sem edifícios é muito possível, dado que as situações de uso existem independentemente deles».

Arquitectura sem edifícios... não é, por acaso, sinónimo de «arquitectura sem arquitectura»? Imperturbável pela objecção, Silver prossegue: «Quero apresentar-vos uma hipótese complicada: aquilo que estamos habituados a pensar como forma arquitectónica pode ser, pelo menos em parte, conteúdo, e aquilo que assumimos como conteúdo basta, por vezes, para determinar a forma». Depois, com uma indiferença britânica, dispara: «em arquitectura, o *agente* formal, em rigor, pode ser *a gente*».

Que seja lançado na profissão, e mais ainda nas escolas, o *slogan*: «arquitectura sem edifícios». Não importa se é uma *reductio ad absurdum*, e não representa mesmo toda a verdade. Estimula a criar novos *patterns* para as acções humanas sem se preocupar, *a priori*, com o modo de os involucrar. Terapia específica urgente para sair do actual impasse: projectar os comportamentos, e uma expressão mais livre e mais rica dos mesmos nos espaços; o edifício virá por si, muito mais válido e expressivo, se não sofisticado, na forma.

Tese crítica já aprovada. A cada arquitecto, a cada estudante que nos mostra um trabalho, antes de examinar desenhos e fotografias, perguntamos: o que é que inventaste em termos de comportamentos e de acções humanas? Elaboraste o programa até ao fim, fazendo uma longa espera antes de transcrevê-lo graficamente? Percorreste, fruiste, viveste com a tua imaginação os espaços, ou foste a correr encaixotá-los? Por outras palavras, agarraste o problema, ou adoptaste simplesmente uma solução?

A história inteira, antiga e moderna, pode ser relida na perspectiva da fórmula «arquitectura sem edifícios». Um templo grego ou uma basílica cristã, Santa Sofia ou a Biblioteca Laurenziana; Brunelleschi, Borromini, Wright, Häring ou Mendelsohn. Vendo bem, a grandeza deles está para aquém e para além dos edifícios, numa intencionalidade que encarna liberdades inéditas e sistemas de vida mais intensos. É a gente que conta, não as coisas; estas, quando muito, só em função da gente. O arquitecto, para a gente, projecta ruas, parques, pontes, zonas recreativas, praias, caminhos de montanha: desenha *patterns* comportamentais que não implicam necessariamente a realização de edifícios. Duvidamos que até uma conversa telefónica seja arquitectura, como pretende Silver; mas se o é, tanto melhor.

Numa interpretação tão extensiva, os não-arquitectos, principalmente os utentes, desempenham um papel essencial nos projectos arquitectónicos? É mesmo isso que queremos: envolvê-los. No fim, descobriremos que às intenções mais incisivas e mordazes, do santuário de Baalbek à Filarmónica berlinense, corresponde o mais elevado valor dos edifícios? Não causa admiração: teremos constatado a convergência e a identidade de conteúdo e forma. O espaço é a intenção, e por isso é a arquitectura, lugar dos comportamentos e das acções, cujos conteúdos e formas confirma.

SIMETRIA E PASSIVIZAÇÃO

Encontro com um psicanalista. «Porque é que os arquitectos modernos detestam a simetria? Pergunto-me se nessa atitude não se esconderá um elemento neurótico. Alguma vez fizeram pesquisas nesta matéria?»

«Estamos ainda a zero, nos estudos sobre as relações entre arquitectura e psicologia científica. Os móbeis racionais, pelo contrário, são claríssimos. Observe uma planta simétrica: entrada ao centro, corpos do edifício iguais dos dois lados; aqui é a sala de estar-refeições, no lado oposto os quartos de cama, ou então a cozinha e os serviços, que ocupam um volume idêntico. Surgem imediatamente fortes suspeitas acerca da funcionalidade de uma tal estrutura. Provavelmente o arquitecto nunca pensou nem viveu de facto, com a imaginação, a sala de estar-refeições, os quartos de cama ou as zonas de serviços; na melhor das hipóteses, dimensionou a sala de estar, sujeitando depois à sua cubicagem a das outras divisões. Salvo raríssimas e sem dúvida problemáticas excepções, um edifício, para atingir a simetria, tem de sufocar pelo menos algumas funções. Uniformizar as janelas segundo um princípio de correspondência especular? Opressivo, repressivo; é um sintoma de passividade e preguiça mental. A forma de cada janela deveria resultar da quantidade e qualidade da luz necessária para configurar um espaço. Como vê, não se trata de um capricho. É lógico que os arquitectos modernos sintam uma suspeita imediata, muitas vezes náusea, perante a simetria...»

«Captei uma palavra no seu discurso: passividade. Mas continuemos. Como se explica que a gometria esteja tão difundida na arquitectura do passado? É lá possível que a passividade e a preguiça mental tenham caracterizado uma quantidade tão grande de arquitectos na história? Que outros motivos podem existir?»

«A literatura sobre o conceito de simetria é de tal maneira vasta e complexa que a Academia dos Lincei, em Março de 1969, dedicou um simpósio a esse tema. Foi aprofundado sob todos os aspectos: em cristalografia, em química orgânica, nas estruturas biológicas, em matemática e na física, do ponto de vista filosófico e artístico; de Arquimedes e Aristóteles a Felix Klein e Hermann Weyl, estiveram envolvidos todos os autores que investigaram o tema. Resultados longe de serem simples. Limitemo-nos, pois, à simetria no sentido mais elementar do termo, e ao modernismo na arquitectura. Para a Antiguidade clássica ou para o Renascimento, a simetria pode ser justificada por várias considerações ideológicas e construtivas; e de resto, revendo o passado com novos olhos, descobrimos que as derrogações à simetria são cada vez mais numerosas. De qualquer maneira, hoje não há razões estáticas ou filosóficas que aconselhem esquemas simétricos. Portanto, o impulso para os desenterrar não pode nascer senão de resíduos académicos, de vínculos à tradição, à herança do mundo neoclássico, aos métodos de projectar dos pais. Se não se tratar de preguiça, a neurose mostra-se com evidência: uma necessidade espasmódica de segurança, medo da vida, da flexibilidade, da indeterminação, da relatividade, do crescimento. Constatamos isso quotidianamente, tanto com os arquitectos como com os estudantes».

«Pais, herança do passado, resíduos académicos: estamos ainda no âmbito da passividade. Talvez consigamos compreender alguma coisa, mas necessitamos de dados mais precisos. Diga-me, antes de mais, o que se passa com os arquitectos».

«Vêm mostrar fotografias e gráficos dos seus edifícios. Assim que vemos um simétrico, perguntamos: porquê? E fazemos notar como o resultado teria sido infinitamente melhor se os espaços e os volumes tivessem sido criados a partir de exigências reais, práticas e espirituais, e não de um *a priori*, de um dogma da composição. Pois bem, muitas vezes, aliás, quase sempre, acontece que o arquitecto, em reacção à nossa crítica, nos apresenta um projecto anterior ao final, em que o edifício, liberto dos tabus simétricos, espelha e realça as funções diferençadas dos ambientes com formas dinâmicas e inteligentes, adequados ao programa de construção específico e expressivamente originais. Caímos das nuvens. O arquitecto daquele insípido edifício simétrico não é um incapaz; o projecto inicial comprova-o. Mas porque é que o rejeitou, retrocedendo para uma visão bloqueada, fechada, classicista? Não se consegue obter uma resposta plausível. O arquitecto atrapalha-se, apresenta diversos álibis, o conformismo do cliente, as dificuldades estruturais, o carácter aleatório, embora genial, da solução que no fim decidiu abandonar. O que significa? Teve medo da liberdade, da aleatoriedade da sua escolha, justamente; rendeu-se ao mito da segurança, seu ou do comitente...»

«Mas os estudantes não são vinculados por um cliente conformista ou por um construtor. Porque é que hão-de imitar esquemas simétricos?»

«O fenómeno é quase incompreensível, e acentuou-se com o movimento de contestação. Muitas vezes, os mais rebeldes são também os mais neoclássicos, inspiram-se em Ledoux ou em Louis Kahn. Revolucionários na política, na arquitectura são conservadores. Denunciam as hipocrisias familiares e sociais, para depois subscrever as artísticas. Proclamam: a imaginação ao poder; enaltecem uma sociedade estética, em que a liberdade artística se estenda à vida. E depois renunciam à liberdade arquitectónica, isto é, desprezam a imaginação».

«Se tomassem o poder, instauravam uma nova ditadura neoclássica, de tipo estalinista ou fascista? Parece um paradoxo».

«E é, de facto. Veja, os jovens têm mil justificações do seu lado. O racionalismo é instrumentalizado e corrompido, para reforçar o sistema neocapitalista; expressionismo e dadaísmo são mercantilizados nos negócios *beat*, para explorar o protesto; a arquitectura orgânica serve apenas para satisfazer as idiossincrasias burguesas. Os jovens apercebem-se, acertadamente, da crise do modernismo. No entanto, não compreendem que essa crise é um fenómeno a combater e não para suportar como uma lei inevitável. Tanto mais que o racionalismo de Le Corbusier e de Gropius, uma vez adoptado pelo sistema, é deformado, esclerosado, transforma-se no oposto do dos mestres. O expressionismo comercializado já nada tem em comum com a subversão de Mendelsohn ou de Häring. O pseudo-organicismo das *villas* luxuosas é uma paródia da arquitectura orgânica de Wright. Por conseguinte, é absurdo abandonar as armas racionalistas, expressionistas e orgânicas, só porque o inimigo tenta apoderar-se delas. No seu valor essencial, essas armas não podem ser usadas para a contra-revolução. É verdade que há cinquenta anos a luta era mais simples: o moderno era o bem e o eclectismo tradicional era o mal. Hoje, o quadro é mais complicado: a antítese coloca-se entre racionalismo autêntico e pseudo-racionalismo mercantilizado. Mas isso não é o bastante para decretar a morte do modernismo... Está a compreender-me?»

«Não de todo, confesso. Não estamos a afastar-nos do tema da simetria?»

«Sim e não. Façamos uma analogia linguística. O modernismo arrasou os códigos tradicionais da comunicação arquitectónica, baseados na simetria. O sistema, naturalmente, tenta usar a nova língua para finalidades velhas e reaccionárias. Mas não o consegue fazer a não ser à superfície. O logro é imediatamente reconhecível: não é possível um equívoco entre expressionismo e pseudo-expressionismo, assim como não se pode confundir um templo grego com um pórtico neo-helénico de um banco oitocentista. Por isso, abdicar é suicida. O inimigo faz o seu trabalho. Compete-nos a nós fazer o nosso, demonstrando como, em mãos adversárias, a arquitectura moderna já não é a mesma, aliás, torna-se simétrica, que é o seu oposto. Não se pode combater a crise do modernismo adoptando posições anacrónicas, voltando ao classicismo e à simetria... Mas agora, doutor, tenha a palavra. Pode haver uma explicação psicanalítica do fenómeno anti e pró-simetria?»

«Formularei uma hipótese, naturalmente, a confirmar. Tenho a impressão que simetria hoje, em arquitectura, é o equivalente de passividade; se quiser, em sentido freudiano, de homossexualidade. Partes *homó*logas, não *heteró*nomas. Terror infantil do pai académico que te castrará se agredires uma figura heterónoma, a mulher, a mãe. No momento em que te tornas passivo, aceitando a simetria, a angústia parece atenuar-se porque o pai já não te ameaça, possui-te. É sabido: somos todos bissexuais, cada um de nós tem em si elementos de homossexualidade. E a sociedade, hoje, estimula à passivização: basta pensar no matriarcado, na pressão publicitária, no tempo livre organizado em sentido castrador. Podemos ser revolucionários na política, virilíssimos na esfera sexual e passivos na arte».

UMA ESTÉTICA DO ASSIMÉTRICO

Um jovem arquitecto de extremíssima esquerda actualiza-nos, mostrando-nos alguns projectos, quanto à evolução do modernismo: «racionalismo, tendência orgânica, brutalismo, *pop-architecture*, tudo fenómenos que foram superados. Nós procuramos as raízes populares da linguagem arquitectónica, formas reconhecíveis, confirmadas, verificáveis, objectivas. Estamos para além de Louis Kahn porque rejeitamos a sua componente individualista e ambígua. Edifícios fechados, simétricos, novo classicismo, mas já não com um carácter áulico e já não ao serviço do poder». Olhámo-lo, para nos certificarmos de que não está a gracejar. Está sério, misterioso. Útil, portanto, aprofundar o tema da simetria; o ensejo é-nos proporcionado por um artigo de Gillo Dorfles, «Premissas antropo-cosmológicas para uma estética do assimétrico», publicado em *Questioni li letteratura*, de Março-Abril 1971.

«Porque é que o homem esteve, desde sempre, obcecado pelos problemas da simetria? Porque é que, se percorrermos o curso da história desde os primeiros milénios que, embora fragmentariamente, conhecemos, nos encontramos sempre perante questões que têm a ver com a especularidade, o equilíbrio, a proporção, a harmonia, a modularidade e, enfim, a simetria? A razão não pode ser senão uma: a própria constituição física do homem e do universo. As próprias "leis" que regulam algumas das mais vistosas situações fisiológicas, físicas, cosmológicas, etc., respondem a este princípio essencial; mas, ao mesmo tempo, afastam-se dele, infringem-no. Só se penetrarmos nos mistérios da simetria e da especularidade é que, a certo ponto, nos apercebemos de como o próprio avançar do caminho do homem sobre a terra, a própria evolução ou involução das civilizações, se baseia num conflito constante – umas vezes dialecticamente positivo, outras dramaticamente negativo – entre Simétrico e Assimétrico». Mas em que é que se materializa esta aspiração mítica à simetria? «Já a antiga fábula do andrógino nos diz que a propensão para a quietude absoluta, o comprazimento e a satisfação de todos os impulsos e de todas as paixões, dentro do âmbito finito de um eu simultaneamente masculino e feminino, indiferenciado, é condição de aparente calma e de definitivo bem-estar; mas que, por outro lado, toda a criatividade humana, todos os seus impulsos expressivos, agonísticos, lúdicos, sensuais, para se manifestarem, têm necessidade da presença de um "outro" separado do eu, de um antagonista que se pode tornar um *partner*; e que só com a submissão desse *partner* se pode atingir aquele estado de relativa quietude e de relativa satisfação, o qual poderá dar origem a uma fase criativa e procriativa». Está claro? Simetria = androginia = hermafroditismo = narcisismo = auto-suficiência sexual. Não é pederastia; é auto-erotismo.

Dorfles toca depois num aspecto científico da *querelle*:«Bastam muito poucos indícios, e elementares, acerca da fisiologia do nosso sistema nervoso, para nos dizer como os nossos mecanismos ideativos e cognitivos estão todos predispostos a tender para o assimétrico, para transgredir as aparentes leis simétricas de acordo com as quais o nosso cérebro parecia estar construído. Como é sabido, a partir dos estudos de Broca (de 1861) apercebemo-nos da prevalência, da "dominação" do lado esquerdo do cérebro em relação ao direito (naturalmente, no caso de indivíduos manidextros), e o modo como se estabeleceu essa relação de dominação com a do lado direito do nosso organismo. Mas estudos mais recentes demonstraram que, se os principais centros nervosos da linguagem tinham a sua sede (com as devidas extensões e esbatimentos citoarquitectónicos que não vem aqui a propósito lembrar) à esquerda, o hemisfério direito, contudo, era por sua vez depositário de outros centros associativos importantes. Depositário, por exemplo, de todo aquele sector complexo e fascinante que permite o reconhecimento do próprio corpo (daquilo a que Husserl chamaria o *Leib*) e o estabelecimento das diversas manifestações do "esquema corpóreo" entendido schilderianamente, pelo que, se essas formações nervosas forem lesionadas, daí resultam anomalias sensoriais e perceptivas como a incapacidade de ter conhecimento e consciência de um dos lados do corpo, a incapacidade de ter consciência dessa lesão funcional, e a incapacidade de identificar o rosto de outra pessoa. Por conseguinte, o facto de um hemisfério cerebral ser dominado pelo outro, ou melhor, a diferenciação funcional muito esbatida entre os dois hemisférios fala a favor da tese que pretendo, precisamente, legitimar. Porque é que no homem (e principalmente no que respeita a algumas das suas faculdades mais específicas e subtis, como as linguísticas e as somatognósicas) existe uma diferenciação particularíssima? Porque é que as áreas de Broca e de Wernicke estão localizadas à esquerda, enquanto algumas faculdades ligadas ao seu esquema corpóreo e ao reconhecimento do rosto humano estão à direita? Parece-me muito acertado, neste ponto, admitir que uma simetria "filogenética" inicial tenha vindo a ser substituída por uma decidida (ainda que muito esbatida, obviamente) assimetria do próprio indivíduo... Não tenciono alargar mais a referência a esses indícios neurofisiológicos, mas penso que, mesmo a este nível elementar, possam ser suficientes para nos dizer como, pelas próprias condições da sua constituição fisiológica, o homem é levado a servir-se do assimétrico e a superar sempre qualquer situação de simetria, mesmo quando ela é aparentemente "consubstancial" com o seu próprio organismo. O homem, portanto, tende hoje cada vez mais para o assimétrico, porque os vínculos e as implicações que a sua – só parcial – constituição simétrica lhe impõe não lhe permitiriam uma evolução fecunda». Parece-vos pouco? Com base neste panorama neurofisiológico, todos os arquitectos que desenham edifícios simétricos deviam ser capturados e despachados para uma clínica psiquiátrica: incapazes de identificar os outros e de discernir dentro de si próprios, são personagens perigosas porque isoladas, solipsistas, sem qualquer diálogo com o próximo; perseguem ideais abstractos, desumanos, que não permitem uma evolução fecunda. Nenhum organismo arquitectónico pode ser simétrico se reflecte, incorpora, comunica e realça as funções; só gente grosseira, incapaz de diferençar, pode englobar funções distintas dentro de esquemas simétricos, congelando-as, mumificando-as.

Que o homem, depois, através do assimétrico, tenda a conquistar a simetria, «mas uma simetria que não é de hoje nem de nunca; porque é a simetria da quietude, da ausência de toda a dinâmica e de todo o impulso criativo, do vazio, do nada; da perfeição absoluta que "não é deste mundo"», pode vir a acontecer. As vocações autodestrutivas, o *cupio dissolvi* e o instinto da morte são vertiginosos. Mas, quanto àquilo que nos interessa, servem para comprovar que a arquitectura simétrica, despida de qualquer impulso dinâmico criativo, constitui um modo de anulação, de fazer *harakiri*.

Como é sabido, Dorfles é também psicanalista. Podemos, pois, confiar no seu testemunho: «A propensão, muitas vezes presente em alguns pacientes esquizofrénicos, para um impulso forçado para a simetria; a necessidade de voltar a uma situação simétrica compulsiva "contra a irregularidade da natureza" diz-nos de que modo o geometrismo pode constituir um dos elementos de uma síndroma esquizomorfa latente, e que através deles se manifesta. Nos desenhos e nas pinturas de alguns doentes esquizofrénicos... é fácil constatar como é importante para o paciente pôr em evidência o factor simétrico. A procura do simétrico mostra-se assim análoga ao fenómeno de persistência que acompanha frequentemente estas síndromas e que pode de igual modo ser considerado como um momento de "regressão", em sentido psicanalítico, a uma situação psicológica e evolutiva infantil (ou mesmo fetal?). Os muitos exemplos de neurose coacta, em que a persistência e a coacção a um determinado percurso simétrico estão na ordem do dia, podem sem dúvida ser englobadas em configurações morbosas análogas...». *No comment*. Voltar ao organismo construido fechado e simétrico poderá ser a bandeira da nova vanguarda (aquela que «superou» o modernismo, Wright, Le Corbusier, Mies, e descobre o templo grego, sem no entanto captar as suas subtis assimetrias), mas da vanguarda dos caranguejos, que regridem para estados infantis ou para o fetal. Motivo? O medo do assimétrico, da variedade, do diferenciado, da vida, da insegurança que está ligada à vida criativa.

Nem devemos ter ilusões de que o medo se vença com meios extrínsecos, deambulando sobre as cornijas ou exibindo atitudes *beat*. Uma vivendazinha simétrica transmite um estado de medo. Uma macro-estrutura para 2.000.000 de habitantes, ou um contentor para 10.000.000,

29. O *Modulor* de Le Corbusier, escala métrica baseada em relações de secções áureas e na medida do homem, numa caricatura de Jan van Goethem. O purismo lecorbusieriano simplifica a equação cubista em sentido classicista. O mestre teve consciência disso e, corajosamente, soube retractar-se, da capela de Ronchamp em diante.

se forem simétricos, demonstram um terror tão grande que induzirá a recorrer a uma agressividade de perder o fôlego.

Enquanto a morte da arte, da arquitectura e do modernismo não for proclamada pelos apaixonados da simetria, não há que recear. A história, entre mil obstáculos e tentativas de involução, continua; quem se põe fora do seu curso assimétrico, inquieto, desequilibrante, alcança imediatamente a quietude absoluta: a quietude, por aquilo que diz respeito à arquitectura, da morte.

SINTOMATOLOGIA GEOMÉTRICA DO MEDO

Nos ensaios acerca da índole dos italianos encontram-se intuições e alusões que, circunscritas e verificadas, elucidam sobre vícios, taras e defeitos que se reflectem largamente, até na arquitectura. Vejamos *Os Italianos*, de Luigi Barzini. É importante discutir a sua tese acerca de uma doença persistente, que tem raiz única mas efeito duplo: o academismo classicista e o artifício barroco.

«O medo aloja-se em todas as pregas da vida italiana, mesmo quando não se suspeita. Há o medo dos humildes, dos pobres e dos oprimidos em relação à prepotência dos patrões; há o medo dos bem colocados, dos poderosos e dos ricos, em relação aos seus dependentes infiéis e rebeldes, e o medo em duas frentes da classe média... O medo decide secreta e silenciosamente quase todos os problemas... Domina a existência de muitos, altera o seu carácter, priva o homem decidido da sua força de vontade, o homem honesto das suas virtudes, o homem livre da independência moral, o homem sincero do amor à verdade, o homem orgulhoso da dignidade, o homem inteligente da lógica e da coerência. Faz com que mais do que um homem leal traia os amigos e as suas convicções... Ensina uma resignação sórdida». Seria fácil objectar: não é prerrogativa dos italianos. Mas é fundamental o grau e a intensidade: a miséria, a fragilidade das nossas instituições e das leis e a habituação à prepotência tornam traumático e epidémico o fenómeno do medo. Como se manifesta em arquitectura?

«O medo transparece também por trás da peculiar paixão dos italianos pelas estruturas geométricas, os projectos arquitectónicos harmoniosos e a simetria de modo geral, o medo das incertezas e dos riscos incontroláveis da vida e da natureza; o medo e também a sua sombra, o desejo patético de se sentirem em segurança. Essa predilecção compulsiva pela regularidade é visível em toda a parte. Só raramente tem fins práticos e poucas vezes responde a exigências estritamente funcionais... Ruas, praças, alamedas, jardins públicos, avenidas foram projectados de acordo com uma rígida simetria; igrejas quase iguais, aos pares como *potiches* chineses, ladeiam o início de uma alameda, diversas ruas confluem para o mesmo obelisco ou monumento, fontes semelhantes ou idênticas acenam umas às outras nas duas extremidades de uma longa avenida... A mesma obsessão pela simetria pode ser encontrada até nas coisas invisíveis, nas normas e nos regulamentos absurdos». É, pois, exacto? Vêm imediatamente à mente os agregados medievais orgânicos, o carácter narrativo da arquitectura menor, o gosto pela natureza desorganizada do maneirismo. E não só: o classicismo não é específico dos italianos, quando muito é um morbo francês que em seguida contagia toda a Europa. Mas quanto há de verdadeiro nesta análise rápida e desenvolta?

No resto da Europa, a longa tradição gótica soube popularizar a linguagem áulica das catedrais, tornou-se prosa difusa até nos temas arquitectónicos mais elementares, vergou-se para incorporar e representar as funções das habitações comuns; resistindo às sucessivas modas impostas do alto, encontrou uma ligação com a linguagem barroca e contribuiu para a consolidar, introduzindo-a nas condições culturais e sociais dos vários países. Quanto ao classicismo francês, significa, sem dúvida, uma ruptura, mas tem uma matriz iluminista, portanto, um enorme impulso propulsor; não nasce da insegurança e do medo.

Em Itália, a história é outra. A penetração gótica serve para desgastar o românico; enquanto em Inglaterra, França e Alemanha o transforma, alimentando-o, entre nós contradi-lo, corrói-o a partir do interior sem conseguir substituí-lo. Depois irrompe a Renascença, domina a perspectiva central, a concepção tridimensional do espaço, uma racionalidade filosófica e visual sempre disposta a submeter às suas exigências restritivas a funcionalidade de uma vida aberta e flexível. O fervor pela simetria e pela proporção torna-se paroxísmico; a insegurança social traduz-se no ódio à natureza, e portanto na urgência de arquitectá-la esquadrando árvores e sebes, e exibindo-as em complicados arabescos. O neoclassicismo francês deveria encontrar um terreno favorável em Itália, depois das reacções neoquinhentistas ao barroco; assim não acontece, porque o classicismo italiano não se alimenta do impulso revolucionário do iluminismo, olha para trás, está condicionado por um complexo de inferioridade em relação ao passado, não encarna a sociedade moderna mas sim os mitos da romanidade e nostalgias de uma glória perdida. O confronto entre o classicismo académico dos italianos e o francês, mais impessoal, burocrático e obtuso, não se aguenta; é como comparar Mussolini a Napoleão. Ainda hoje, o impulso que leva arquitectos, engenheiros civis e geómetras a compor simetricamente uma planta ou uma fachada não tem a ver com a instância de um ordenamento civil, talvez frio e abstracto, mas sim com o receio de pensar com a própria cabeça, a psicologia da insegurança, o inconformismo ditado pelo medo.

Sob este perfil, certamente unilateral, a própria experiência barroca surge como uma fase, ou uma compensação exterior, da inclinação fundamental dos italianos: «Teorias torcidas, uma poesia elíptica e redundante, uma arquitectura elaborada e vistosa... Homens barrocos pensaram pensamentos barrocos, levaram existências barrocas, rodeados de uma arte barroca... Com a época barroca, todas as espécies de coisas que tinham sido fluidas, espontâneas, fáceis e fortuitas tornaram-se, em toda a Europa, rígidas, informes e quase desumanas. Monarcas absolutos abateram todos os rivais e governaram, na prática, sem qualquer oposição. As leis foram codificadas e aplicadas, a burocracia tornou-se poderosa e proliferou rapidamente com os seus arquivos, os formulários para preencher, as cerimónias, e a faculdade de castigar todos aqueles que não se lhe submetessem... As autoridades estabeleceram, de uma vez por todas, a única grafia correcta das palavras e as regras gramaticais, para além da rígida etiqueta de corte e da vida privada... As cidades deixaram de ser o produto natural e casual das necessidades do homem, das suas paixões e dos seus gostos: foram projectadas pelos arquitectos do rei... A própria beleza, a mais evasiva das qualidades, foi codificada até à minúcia em arte e na natureza». Em toda a Europa, afirma-o o próprio Barzini; e portanto o que tem a ver com isso a Itália, esplendidamente criativa nesse período, apesar das desgraças políticas e morais? «Enquanto a imposição de uma disciplina férrea em outros países podia ter, por vezes, nobres justificações, podia dizer-se que era imposta para defender a unidade e o prestígio nacional e para submeter todos a um objectivo comum e à supremacia da lei, em Itália era simplesmente imposta do exterior por duas potências cosmopolitas, a Espanha e a Igreja, por motivos externos, no próprio interesse delas e para seu proveito, sem pretenderem sequer fazer crer que beneficiavam a Itália». Esta asserção não se debruça sobre os resultados culturais e artísticos. Mas, em termos de costumes, não restam dúvidas que, com o seu aparato espectacular e o seu tédio profundo e melancólico, o barroco em Itália adquire aspectos masoquistas, determinando atitudes de irresponsabilidade e de evasão que deixam marcas permanentes.

A tese conclusiva é que «os italianos, nestes últimos quatro séculos, não saíram da época barroca». Mantém-se a miséria, a injustiça e a tirania, mil astúcias para suportá-las, fingimentos de alegria, palavras altissonantes que encobrem tristeza e desespero, condescendência com a fraude e com a mentira, e sobretudo o gosto de representar. Aqui está o nó do discurso. Ponhamos de parte o «amor à pátria» e as comparações com os outros países, que não podem aliviar as desgraças do nosso. Demos uma olhadela aos estiradores, tentemos compreender sem preconceitos o que é que está na base do nosso modo de projectar. Impera ainda a insegurança, o medo. Por um lado, o amor à geometria, às composições fechadas, às caixas acabadas em que se sufocam as funções humanas e se reprime a liberdade; por outro, como compensação, o engenhoso artifício neobarroco, a idiossincrasia formalista a que tanto nos agarramos para simular uma personalidade ou «para evitar o suicídio e a loucura», como diz Silone.

O medo é uma tara incurável dos italianos, e portanto também dos arquitectos? Se assim é, parece inútil, moralista, demorarmo-nos a discutir isso. Mas será que existem grupos sanguíneos ou estruturas somáticas que imponham esta união híbrida entre classicismo e neobarroco? Se o país, embora por entre obstáculos infinitos, se renova, se encaminha para um ordenamento democrático, porque é que os arquitectos não vencem a preguiça e a resignação, porque é que tantos deles abdicam antes de ter pelo menos tentado desviá-lo de qualquer uma das suas desgraças seculares?

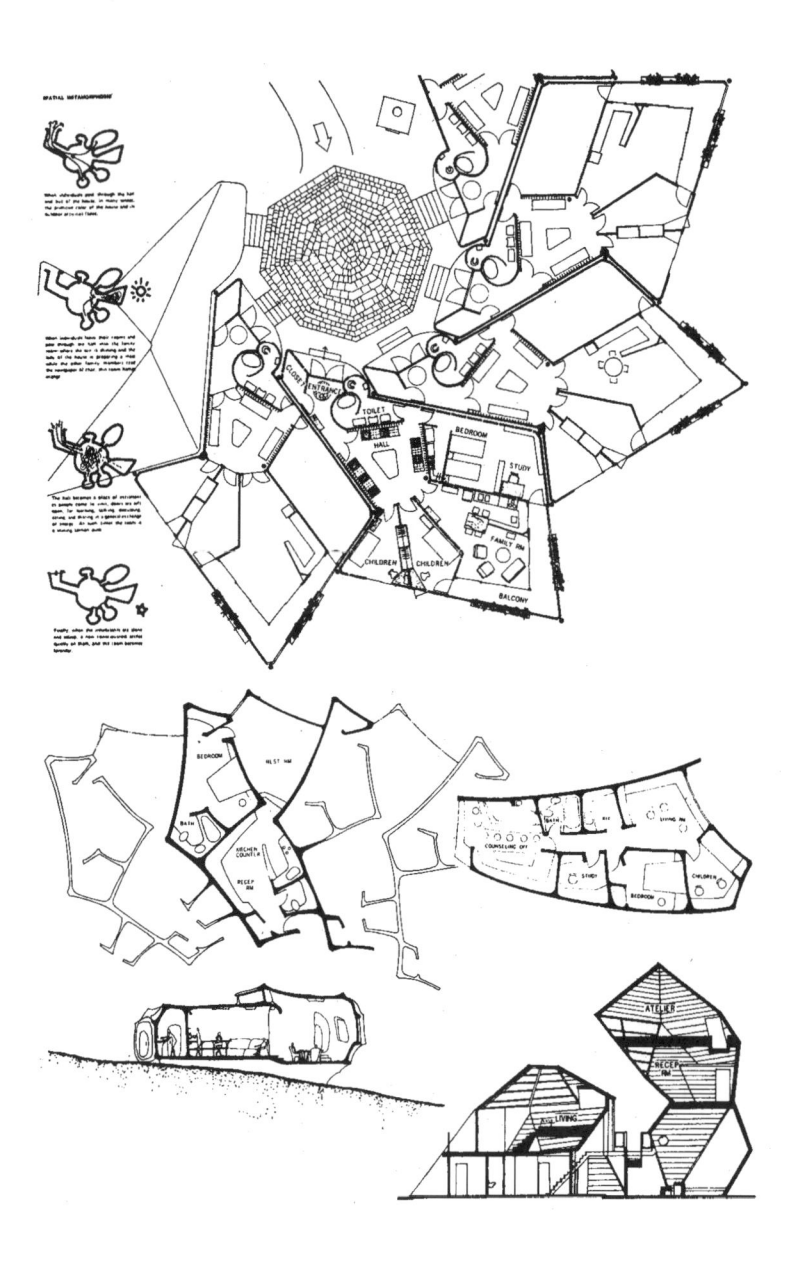

30. Projectos de jovens arquitectos japoneses. Ao alto: células habitacionais de Morio Kaneko e Yoshihisa Bori. Ao centro e em baixo, à esquerda: plantas e secções de células residenciais propostas por M. Shimizu, T. Ichijima, Y. Takahashi, M. Sugiyama, M. Mizukami e A. Ogawa. Em baixo, à direita: célula projectada por Kazuo Usugi.

A LIBERDADE DA «PLANTA LIVRE»

No Japão esboça-se um movimento de revolta contra o maneirismo lecorbusieriano, predominante desde o final da Segunda Guerra Mundial: estamos perante uma viragem significativa, na passagem da fase racionalista para o compromisso orgânico e, portanto, numa saída positiva e num relançamento do modernismo? Ou, pelo contrário, a rebelião anti-racionalista, como sucede na Europa, é um álibi para dissipar o património da nova tradição, compensando idiossincrasias e caprichos? Plantas que recusam a geometrização do *plan libre* nascem de um aprofundamento autêntico dos conteúdos, ou de uma vontade de evasão formalista?

Verifiquemos nas fontes, e em primeiro lugar na pesquisa de Hugo Häring, a mais significativa. Escrevia ele, em 1925: «No mundo das culturas geométricas a forma das coisas é dada pela legalidade da geometria... Estamos vivendo uma transformação dos conceitos-piloto que orientam os objectivos do nosso ordenar, construir, criar de um modo geral... As figuras-piloto que estão na base das nossas formas já não são tiradas do mundo da geometria, mas sim do mundo das formações orgânicas... *Nós queremos investigar as coisas e fazê-las revelar a sua própria forma*. É contraditório determinar uma forma do exterior, transferir para as coisas uma qualquer legalidade derivada, violentá-las. Errámos quando as transformámos num teatro de demonstrações históricas... e errámos igualmente ao reconduzi-las a figuras geométricas e cristalinas porque, procedendo assim, exercemos violência sobre elas (como faz Le Corbusier). As figuras geométricas não são formas ou configurações originais; pelo contrário, são abstracções, estruturações que obedecem a leis... Impor uma figura geométrica às coisas significa fazê-las todas iguais; significa mecanizá-las... Mecanizar as coisas quer dizer mecanizar a vida delas – a nossa vida –, isto é, matá-las... *Que a expressão das coisas seja idêntica às próprias coisas*». O artigo a que estes passos pertencem intitula-se «Itinerários em direcção à forma»; foi publicado em *Die Form* e traduzido em *Edilizia moderna*.

Häring denunciava, tanto no passado como no presente, o contraste entre a vontade de adaptação a um objectivo prático e a de perseguir uma expressão, entre funcionalidade e pesquisa formal. O modernismo devia eliminá-lo: «Já deixámos de ver nas nossas exigências expressivas algo que tende em direcção oposta à adaptação a um objectivo, e procuramos levá-las justamente na mesma direcção. Procuramos fazer valer as nossas exigências expressivas no sentido do vivo, do devir, daquilo que se move, de uma configuração natural...» Dois anos mais

A LINGUAGEM MODERNA DA ARQUITECTURA

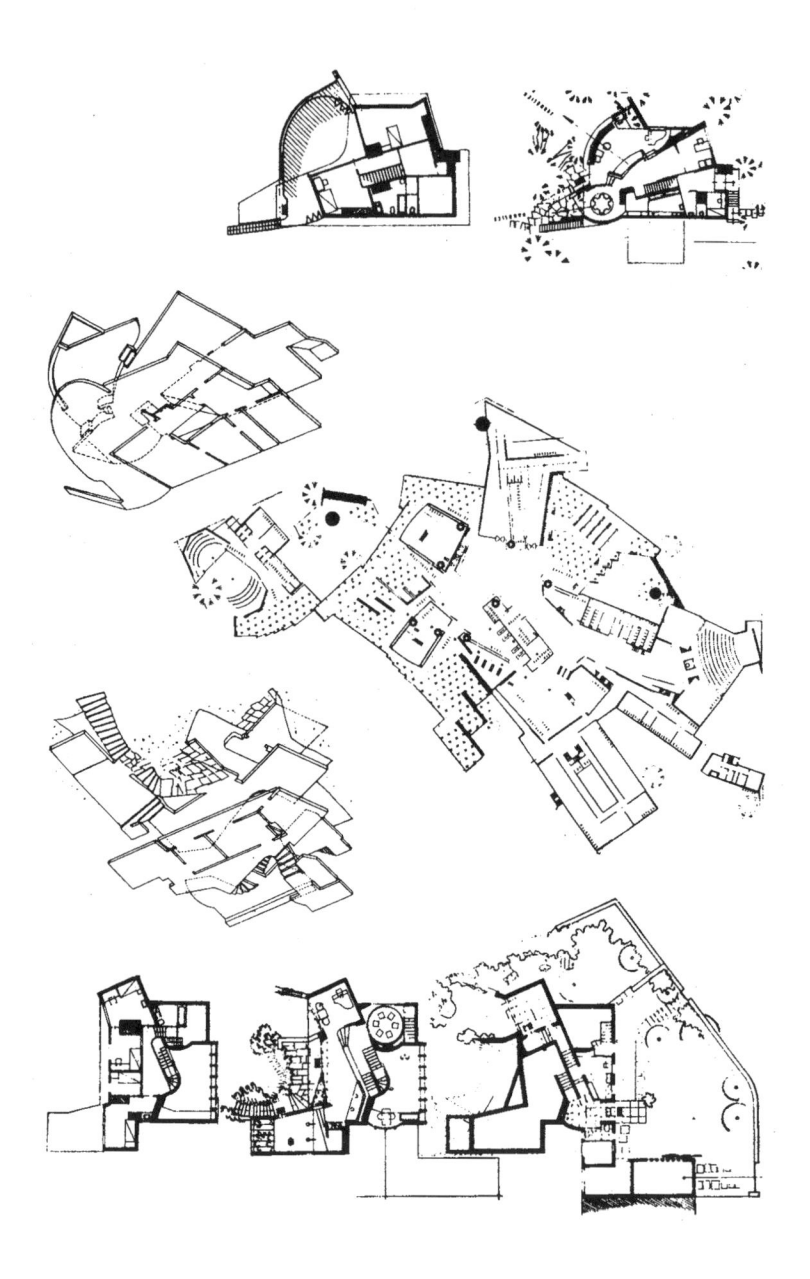

31. Antigeometria de Hans Scharoun. Ao alto: plantas e esquema axonométrico da casa-*atelier* construída pelo pintor Oskar Moll em Berlim-Grunewald, em 1937. Ao centro: biblioteca americana em Berlim-Kreuzberg, projectada em 1951. Em baixo: esquema e plantas da casa Baensch, realizada em 1935 em Berlim-Spandau.

tarde, falando de *industrial design* em *Bauwelt*, insistia: «O hábito milenário de desvirtuar, em nome da arte, os objectos de uso, deixou de estar em moda... Vejo neste fenómeno uma aquisição moral da nossa época, considero-o o sinal de uma nova civilização em formação». No entanto, para se distinguir dos racionalistas, acrescentava imediatamente: «Uma cadeira não nasceu com pernas de leão nem com braços em forma de serpente, mas também não em tubos de aço niquelado». Ainda em 1932, num passo citado na monografia de Heinrich Lauterbach e Jurgen Joedicke, explicava pacientemente o significado da organicidade de uma casa: «A muitos parece absurda a ideia de gerar a casa como estrutura orgânica, extraindo-a da forma tal como resulta da adequação ao objectivo, interpretando-a como *a pele mais distendida do homem*, isto é, como órgão. Contudo, esta evolução parece inevitável. Uma técnica que trabalhe com materiais elásticos e dobráveis não privilegia a casa rectangular e cúbica... A deslocação gradual do geométrico para o orgânico, que se realiza na nossa vida espiritual, tornou independente a forma funcional da geometria».

O pensamento de Häring legitima as intenções dos jovens arquitectos nipónicos com um precedente teórico de alto relevo. Mas ocorre--nos perguntar: qual a experiência, qual o acontecimento cultural que o inspirou? Encontramos a resposta no óptimo ensaio de J. Klaus Koenig publicado no volume *A Arquitectura do Expressionismo*. Através do testemunho de Ludwig Hilberseimer, ele documenta a influência traumática que teve em Berlim, em 1910, a exposição das obras de Frank Lloyd Wright, aberta num momento de anarquia linguística agravado pelas cedências neoclássicas de Peter Behrens: «Era uma exposição relativamente pequena. O seu efeito, porém, foi grande. Era como se alguém tivesse enchido de luz um quarto escuro. As construções e os projectos de Wright demonstravam que não havia nenhuma razão para voltar ao classicismo, pelo contrário, que existiam infinitas alternativas e bastava ter imaginação para as encontrar». Häring, tal como Mendelsohn, encarna um programa ainda actualíssimo: o encontro entre expressionismo e arquitectura orgânica.

Embora reconhecendo que «os progressos não se dão sem os artistas e as personalidades fortes», Häring condena o individualismo excessivo: «Na busca da forma orgânica não está em causa realizar a individualidade do arquitecto, mas sim a essencialidade de um objecto de uso o mais perfeito possível». Advertia, por isso, para qualquer moda estilística: geométrica ou antigeométrica. Rejeitando todo o discurso sobre a forma em si, pensava a casa, diz Joedicke, «como invólucro do movimento que decorre no seu interior». Importância dos conteúdos: é a única metodologia a seguir, ainda hoje, no Japão e em toda a parte.

SIGNIFICADO DAS FORMAS LIVRES

É legítima uma predilecção por organismos heréticos, qualificados por uma vontade de libertação da caixa arquitectónica fechada, de invólucros prismáticos simples, da «regularidade» estereométrica? Trata-se de escolhas baseadas numa mera inclinação do gosto? Que significado indiciário podem ter, para além da curiosidade e do capricho? E porquê dar tanto peso a uma hipótese? É útil esclarecer, de uma vez por todas, a questão.

Comecemos pelas razões específicas, inerentes à fenomenologia arquitectónica contemporânea:

1) se fazer arquitectura quer dizer antes de mais criar espaços para revestir funções dinâmicas, um organismo arquitectónico bloqueado raramente poderá resultar satisfatório, uma vez que vai buscar a sua forma ao exterior, em regra ao perímetro da área e não às suas cavidades;

2) princípio fundamental da arquitectura moderna é a continuidade ou a fluência espacial; dificilmente uma série de ambientes em planta rectangular poderá realizá-la, porque todos os rectângulos são auto-suficientes, respeitam eixos, diagonais e centro, são desprovidos da capacidade de «remeter» para outros ambientes contíguos;

3) do ponto de vista urbanístico, se no diálogo entre espaço interior e exterior se encontra outro princípio do modernismo, é insólito que um prisma puro o alcance, porque tende a fechar-se em si, a constituir um objecto isolado do contexto da cidade, da qual reforça, ao mesmo tempo, a anacrónica rua-corredor ou a praça como vazio negativo;

4) se a honestidade estrutural oferece ainda um critério de avaliação válido, as estruturas contemporâneas de concavidade e de membrana indicam vias divergentes das que foram percorridas pela engenharia oitocentista, enquanto as formas «moldadas» dos produtos plásticos atestam o anacronismo dos ângulos rectos, dos traçados ortogonais, da «montagem» dos perfis;

5) no campo moral e psicológico, pode-se admirar ou desaprovar o Terminal da TWA em Idlewild, de Eero Saarinen, a Opera House, de Utzon, a Virgen Milagrosa, de Félix Candela, a igreja da auto-estrada, de Michelucci, e as obras de Frei, Hunziker & Co., mas há que reconhecer que demonstram coragem, decisão de romper com os esquemas tradicionais comercializados. Estes trabalhos podem ser discutidos, talvez para os criticar; mas podem criticar-se justamente porque há neles alguma coisa sobre que se pode discutir.

Objecta-se: a margem de arbítrio, na poética das formas livres, é ampla. Vendo bem, refere-se mais aos processos do que ao delineamento, ao passo que nas arquitecturas bloqueadas tudo é lógico, racional, tecnologicamente perfeito, excepto a hipótese de partida, os sistemas espaciais. A caixa classicista é uma forma; a concepção moderna implica uma formação.

A opção é, pois, legítima, os críticos têm o dever de apontar aos artistas os caminhos da pesquisa que considerarem mais válidos, para evitar desperdícios e evasões, de que a crónica contemporânea se encontra cheia. «Objectivo comum dos artistas e dos críticos é levar a arte por diante, conservar-lhe uma função social», escreveu Argan. «O perigo da morte da arte não é um falso alarme: mas o perigo não é que a arte morra de morte natural, por esgotamento ou incapacidade dos artistas, mas sim pelo obstáculo que a sociedade actual coloca à sua função. O primeiro objectivo comum da arte e da crítica é, pois, ainda crítico: é uma crítica da sociedade e dos seus modos de actuação, uma crítica da não-criatividade das técnicas actuais, uma solicitação para reencontrar uma possibilidade criativa num ulterior progresso e não numa involução da técnica. É, pois, claro que o sector de interesse máximo, aquele em que se realiza o máximo esforço coordenado, é aquele em que se encontram os factos críticos dotados de uma maior força criativa (isto é, mais próximos das "poéticas") e os factos artísticos dotados de uma maior consciência crítica (isto é, mais próximos das "poéticas")».

O discurso ajusta-se de modo particular ao campo arquitectónico, onde os obstáculos que a sociedade e as técnicas interpõem ao progresso são cada vez mais pesados. Basta pensar nos padrões urbanísticos e de edificação elaborados pelas pessoas que estão à frente da construção de casas populares, e nas técnicas da pré-fabricação: correm o risco de fazer a arquitectura recuar cem anos, negando os resultados obtidos com um esforço extremo no decurso do modernismo. Sem o apoio da crítica, como é que os arquitectos conseguirão resistir e reagir?

A experiência dos maiores confirma. Percorramos o volume sobre a obra completa de Alvar Aalto, revivendo as etapas de uma epopeia que, do sanatório de Paimio, de 1928-33, através da biblioteca de Viipuri, das *villas*, dos pavilhões finlandeses nas exposições de Paris de '37 e de Nova Iorque de '39, nos leva aos dormitórios do MIT, de 1947-49 e às obras do pós-guerra: a câmara municipal de Säynätsalo, o bloco de apartamentos no Hansaviertel de Berlim, o Instituto das Pensões em Helsínquia e a Casa da Cultura, a Universidade Pedagógica de Jyväskylä, a Igreja de Imatra, a Maison Carré em Bazoches-sur-Guyonne, o Centro Cultural de Wolfsburg na Alemanha, o gesto, estupendo até nos esboços preliminares, do arranha-céus residencial de Brema. Itinerário coerente, voltado para a liberdade da caixa arquitectónica fechada e continuamente assinalado pela pesquisa de novas formas, adequadas ao tema, antiacadémicas. Mas, chegados às últimas páginas, eis o edifício Enso-Gutzeit, em Helsínquia, envolvido por um revestimento em mármore de Carrara. Custa a acreditar nos próprios olhos: o edifício é completamente estranho à poética de Aalto, rende-se ao esquema modular dos blocos oitocentistas tardios da praça do mercado, contradiz clamorosamente a biografia do autor.

As considerações sobre as formas livres em arquitectura abrangem portanto, juntamente com intencionalidades e hipóteses, fenómenos históricos verificados. De resto, na cultura arquitectónica actual o perigo não consiste na polémica, mas na sua carência: na indiferença geral pelas poéticas, incluindo a própria.

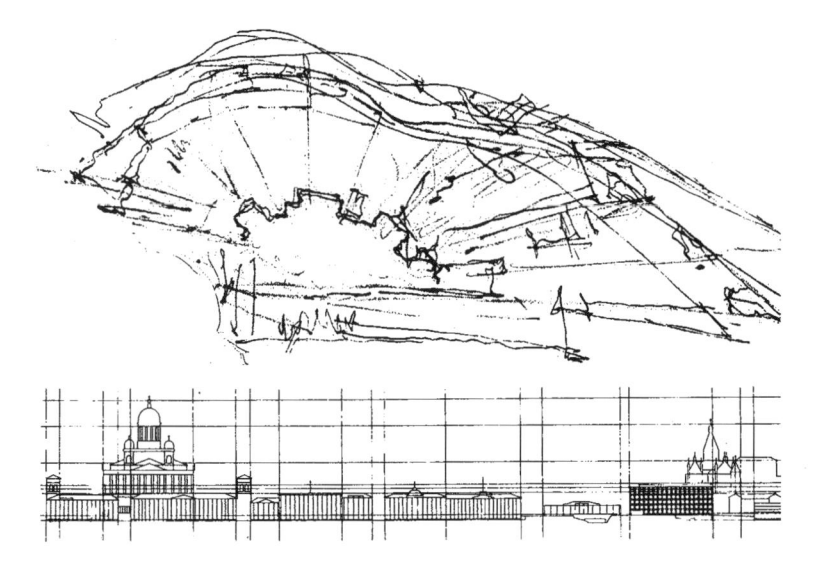

32. Alvar Aalto, do orgânico ao geométrico. Em cima: esboço para a planta-tipo do arranha-céus residencial em Brema, construído em 1958. Em baixo: os escritórios Enso-Gutzeit em Helsínquia, de 1960-62, inseridos na trama modular dos edifícios oitocentistas adjacentes. Um gesto vital, fluente, e uma regressão ao classicismo.

CONTRA TODAS AS TEORIAS DA AMBIENTAÇÃO

Quando se enfrenta o tema do encontro entre arquitectura moderna e ambientes históricos, entende-se que ele implica exclusivamente a defesa do antigo, ameaçado pela invasão do novo. Este é, sem dúvida, um pólo relevante da questão. No entanto, negligencia-se um segundo de igual importância, que a muitos parece menos urgente: a afirmação dos valores arquitectónicos contemporâneos, atraiçoados por uma série de preconceitos académicos.

É necessário, pois, fixar sem preconceitos três pontos:

1) todas as teorias que visam a ambientação do novo no antigo – todas, desde as mais retrógradas às aparentemente progressistas – levam a reprimir ou, pior ainda, a corromper o novo sem, por isso, respeitar o antigo;

2) o encontro entre antigo e novo não pode concretizar-se sem elevados custos, transgressões e desequilíbrios. As intervenções arquitectónicas, se necessárias, devem ser francamente modernas, apontando para a criação de um panorama alternativo, em larga medida antitético do preexistente;

3) não existem medidas fáceis de avaliação para estabelecer o que se pode ou o que não se pode fazer, ao inserir obras modernas nos centros históricos. O problema remete para a qualidade e não está sujeito a normas genéricas.

O primeiro ponto, certamente, está destinado a suscitar as maiores divergências. As teses ambientalistas do ecléctico Oitocentos e as giovannonianas são unanimemente condenadas. Mas muito poucos reconhecem que o equívoco da ambientação, principalmente em Itália, está a envenenar a arquitectura, desvitaliza os seus impulsos criativos e faz dela uma actividade reaccionária por duas vias igualmente aviltantes: o classicismo e o dialectal. Existe ainda uma terceira via, dialectal-classicista, a mais absurda e divulgada.

A partir dos anos trinta, a abdicação dos arquitectos italianos é assinalada pelos vários álibis respeitantes à ambientação. Num primeiro tempo, a «mediterraneidade», cujo provincianismo foi denunciado por Edoardo Persico. Depois, a atracção pela arquitectura dita «espontânea», que serviu para distrair das tarefas europeias. Por último, um vago neo--realismo cheio de «citações» e «empréstimos» classicistas e barrocos: populismo em segunda-mão completado por psicologismo de ouvido. Quando os arquitectos modernos tentam dialogar com o passado, nove vezes em cada dez misturam alhos com bugalhos; e à décima vez metem os pés pelas mãos como trapalhões, «estilizando» temáticas antigas.

Conclusão: não existe um único caso em que um arquitecto se tenha relacionado com o ambiente e tenha alcançado resultados positivos. Tal veredicto poderá parecer peremptório mas, se falarmos dos factos e não das hipóteses, louváveis intenções e desejos pios, há que verificá-lo. A inércia chauvinista ceifou demasiadas vítimas para legitimar discursos que agradassem a todos.

Giuseppe Terragni era um artista autêntico, mas a sua veia poética foi condicionada pela «mediterraneidade» na Casa del Fascio, em Como, e esgotou-se no projecto classicista do Danteum. Na época racionalista, Mário Ridolfi era o arquitecto mais dotado de Roma; fora daquela linha linguística, caído no neo-realismo e no «espontâneo», desapareceu de cena. Durante anos, enaltecemos Giovanni Michelucci, atribuindo-lhe virtudes excepcionais no modo de estabelecer um encontro entre antigo e novo, por construir em Pistoia uma Bolsa de Mercadorias que pouco estorva, e em Collina uma igrejinha que imita os vernáculos camponeses; pois bem, o próprio Michelucci zomba dessa fama, aumenta a altura da Bolsa de Mercadorias, compreende que os camponeses, para irem à missa, vestem o fato de domingo e querem esquecer as suas casas rurais, e realiza junto à auto-estrada do Sol uma catedral que profana todas as atitudes humanistas tradicionais. Em Veneza, os apartamentos de Ignazio Gardella nas Zattere têm valor, mas o projecto inicial, menos «ambientado», era melhor do que a versão realizada. O edifício de Giuseppe Samonà junto a San Simeone é positivo enquanto moderno; na medida em que não o é, por ter fachada bidimensional «à veneziana», parece defeituoso.

Os exemplos podem-se multiplicar. Em Milão, a Torre Velasca, é um texto qualificado, mas se Reyner Banham, erradamente, prefere o arranha-céus Pirelli, de Gio Ponti, isso resulta do facto de as «citações» medievistas não serem plenamente absorvidas e queimadas. Em Roma? O edifício mais significativo, também no que respeita ao encontro entre antigo e novo, a vivenda na esquina entre a Rua Campania e a Rua Romagna, não é de um expoente da vanguarda nem de qualquer jovem empenhado, mas de um gabinete conservador, o dos irmãos Passarelli. Quando a vanguarda se torna estéril e abdica, a profissão vai em frente, recusa-se a ser paralisada pelo falso problema da ambientação, realiza o encontro entre antigo e novo corajosamente, fiel àquela «tradição do novo» que os homens de ponta, devido a uma inclinação suicida congénita, «superaram», como soi dizer-se, recuando.

Pergunta-se se será possível conciliar os valores linguísticos antigos com os novos. A resposta deve ser: não. É certo que é inexacta. Pode responder-se afirmativamente, referindo, precisamente, alguns exemplos citados. Pode responder-se «sim e não», fazendo um estudo de uma casuística de condições especiais. Mas devemos responder «não», por dois motivos: porque, desse modo, poder-se-á impedir a construção de novos edifícios nos tecidos históricos que são tutelados; e porque, consequentemente, fora daqueles tecidos ou nas suas malhas, quando for indispensável, poder-se-á realizar obras não apenas novas, mas francamente modernas. Nenhuma conciliação: o diálogo entre inseridos contemporâneos e ambiente pode ser estupendo, mas como resultado de um explícito e por vezes clamoroso contraste dialéctico, e não de um acordo pacífico. Ian Nairn, num convénio realizado na Trienal, aludiu aos valores surrealistas resultantes do confronto entre antigo e novo; é claro que eles tiram a sua força do grau em que denunciam a inconciliabilidade da linguagem moderna em relação às preexistentes. A arquitectura actual rejeita qualquer dogma que tenha a ver com proporções, ritmos, assonâncias, purismo volumétrico, continuidade de perspectivas viárias; requer um costume anticonformista, experimental, científico, portanto, adverso ao académico; exige uma atitude herética que, especialmente na falta de uma codificação linguística, se revela esgotante. Por isso, muitos arquitectos rendem-se, classicizando-se no Lincoln Center e em Park Avenue, cedendo aos exibicionismos do cimento armado no Japão, sofrendo infecções barroquistas «persuasoras», em Ronchamp como na igreja da auto-estrada. Daí os absurdos das nossas obras, nos conteúdos e nas formas. As casas médias italianas são demasiado altas, mas os arranha-céus são vergonhosamente baixos; opondo-nos à edificação de poucas macroestruturas, saturamos o solo com bairros horrorosos. Prevalece a fraude, o «clássico modernizado», o compromisso com o qual se ofende o passado e o presente.

Leis e regulamentos. Ouvimos repetir duas objecções: a) se aceitamos que se construa um arranha-céus num dado sítio, como evitar que surjam outros em lugares semelhantes? b) se admitimos que um bom arquitecto realize uma macroestrutura, como impedir que surjam outras dez, projectadas por profissionais medíocres? A primeira pergunta remete para a planificação, fora da qual não existe arquitectura moderna, e menos ainda encontro positivo entre antigo e novo; enquanto for a normativa democrática a dominar e não a cultura, teremos planos de urbanização estáticos, bidimensionais, mas não órgãos planificadores, capazes de orientar de modo dinâmico o desenvolvimento urbano e territorial. A segunda objecção é mais grave; é preciso enfrentá-la compensando a inexpressiva e desvirilizante regulamentação da construção civil, baseada em «tudo aquilo que não se pode fazer», com juízos de valor competentes, capazes de promover intervenções criativas. É possível? Um juízo pode ser cientificamente formulado e verificado? Da resposta a esta pergunta depende o futuro: se não conseguirmos elaborar uma linguística arquitectónica convincente, vegetaremos nas normas velhas e gastas ou traí-las-emos com gestos de mero arbítrio. Não existem vias alternativas: os arquitectos só poderão realizar um verdadeiro encontro entre antigo e novo quando conhecerem a fundo o antigo e tiverem a coragem de inventar o novo. De outro modo, permanecerão incultos e empíricos, alimentando talvez uma angústia existencial, só para se sentirem moralistas.

A propósito de ambientação. No alucinante ensaio de Hildegard Brenner, *A Política Cultural do Nazismo*, a passagem dos protectores filisteus da paisagem e dos monumentos aos crimes hitlerianos contra a arte moderna é documentada no seu crescendo espectral. Basta recordar a figura sinistra do arquitecto Paul Schultze-Naumburg: fundador da «Liga para a Tutela da Paisagem», tornou-se consultor técnico do Departamento Regional da Turíngia para as Belezas Artísticas e Naturais logo que a administração nacional-socialista subiu ao poder, apagou de Weimar os últimos vestígios da Bauhaus, e por fim transformou-se num ideólogo invocador de «benfeitorias» para a «salvação da civilização»; sob o lema «construímos com o coração», conduziu uma guerra de extermínio contra o racionalismo, definido como «bolchevismo arquitectónico» ou «estilo de Novembro». Em Itália, talvez não corramos riscos desse género. No entanto, as nossas distorções culturais, principalmente as teses ambientais dos conservadores, se não têm resultados criminosos, provocam letargias longuíssimas e profundas.

MENDELSOHNIANA: PORQUÊ A QUARTA, SE DESPERDIÇAM A TERCEIRA?

Os esboços de Erich Mendelsohn nunca se apreciam o suficiente. Pode passar-se vários anos a examiná-los, datá-los, catalogá-los; um dia, olhamos para um distraidamente, por exemplo a Indústria Cinematográfica de 1917, e estremecemos: ao alto, à direita, sobre o telhado, descobrimos três Museus Guggenheim.

Tinha razão o mestre expressionista quando, depois de ter visto em Taliesin os últimos projectos de Wright, entre os quais, com toda a probabilidade, também o Guggenheim, escrevia, em 1947: «O facto destes seus últimos trabalhos se aproximarem dos meus primeiros esboços – digo-o com toda a humildade – constitui um desafio ao qual deverei responder nos próximos vinte anos». Mendelsohn viu apenas sete pro-

33. Esboço de Erich Mendelsohn para uma indústria cinematográfica, de 1917. À direita, ao alto, três corpos helicoidais salientes, semelhantes ao Museu Guggenheim de F. L. Wright. As visões mendelsohnianas rejeitam a quadridimensionalidade cubista, mas realçam o movimento nas visões angulares e na gestualidade da matéria.

jectos, e não pôde concretizar a intenção de recomeçar «no ponto a que os primeiros esboços me conduziram, tendo em conta tudo aquilo que aconteceu desde então como fase preparatória de uma nova e final fase criativa». Não se verificou a fusão entre expressionismo e corrente orgânica, que talvez tivesse imprimido um percurso diferente à história da arquitectura mundial.

Os três Guggenheim de 1917 levam-nos a propor uma interrogação espantosa: até que ponto, no espaço de cinco séculos, foi explorada a tridimensionalidade implícita na visão perspéctica renascentista? Esta questão está relacionada com o debate entre racionalistas e expressionistas que teve lugar no período de 1920-30. Como é sabido, os racionalistas de matriz cubista afirmavam que, para alcançar uma visão arquitectónica em movimento, «quadridimensional», era necessário suprimir a terceira dimensão, isto é, reduzir o organismo arquitectónico a placas bidimensionais e depois passar a montá-las de novo, verificando, principalmente nos nós angulares, que não se formavam volumetrias fechadas. Era a tese de Theo van Doesburg e do grupo De Stijl; contra ela levantavam-se Wright, Mendelsohn, Häring, expressionistas e orgânicos. O conflito centrava-se sobretudo no valor da matéria, que os racionalistas dissolviam nos seus prismas em equilíbrio, nas paredes sem espessura, nas linhas contínuas envidraçadas ao correr das superfícies, e que os expressionistas, por sua vez, exaltavam nos gestos inquietos e turbulentos de massas lávicas que brotam da terra para apostrofar o céu. Nisso, porém, estava envolvido um problema substancial, justamente o da perspectiva.

Só hoje podemos compreender isso, depois da experiência do informal, depois de Ronchamp, depois da revelação da pintura de Aalto, depois do brutalismo que recuperou o grito expressionista da matéria. O rochedo é compacto, tridimensional; por que razão se considerava necessário abolir a terceira dimensão? Tinha sido usada pelo classicismo, de acordo; mas não podia ser aplicada com um sentido diferente, precisamente em nome do movimento? Eis a pesquisa premente de Mendelsohn nas imagens e nas arquitecturas, a pedrada que lança luz nova e discordante sobre as vicissitudes da história a partir do Renascimento.

Vendo bem, a perspectiva foi adoptada essencialmente nos limites da centralidade: um edifício ou uma igreja como fundo de uma praça, uma estrada em linha recta bem limitada pela fuga dos diafragmas parietais – estruturas sempre simétricas e estáticas, talvez com algumas diversões nas articulações barrocas. As excepções são pouquíssimas, geralmente dependentes de tecidos preexistentes ou de condições topográficas que não permitiam um discurso urbano fragmentado em episódios destacados ou reatados *a posteriori*.

Os expressionistas não o explicaram com uma clareza teorética, mas o raciocínio deles era este: para injectar o movimento na realidade arquitectónica, não é necessário banir a terceira dimensão, basta explorar a gama infinita de possibilidades, até aqui reprimidas a favor de uma visão central. Experimentem rodar 30° o palácio Farnese, 45° São Pedro, 60° a catedral de Milão (o Vitoriano? 180°, que assim deixa de se ver), continuando esta operação cada vez que um edifício se vos apresente de frente. Roma e Milão adquirirão uma tensão dramática extraordinária; Paris ainda mais, e as outras cidades que, de Quatrocentos até Oitocentos (ou Novecentos: cfr. a EUR), copiaram os módulos renascentistas.

Fora de paradoxo. Os desenhos de Mendelsohn aceitam até a simetria, mas rejeitam a frontalidade. Os volumes são sistematicamente representados em perspectivas angulares, perdendo, consequentemnte, a sua inércia, e fervilham, soltam uma mensagem que se esboça. Evitam a hierarquia entre fachada principal, lados e traseira, sem uniformizar os seus aspectos ou torná-los equivalentes, como faz Le Corbusier; articulam os corpos do edifício sem necessidade de os despedaçar, como faz Gropius; possuem uma carga interior tão transbordante, a ponto de poder renunciar a toda a pureza compositiva, acolhendo, portanto, os ingredientes do mundo e da vida, o *kitsch* e não apenas a geometria.

Talvez nos encontremos no final de um ciclo histórico, semelhante ao desmoronamento da civilização romana. Aproveitemos isso para criar uma arquitectura maravilhosa e revolucionária, como foi a do antigo tardio. O encontro entre tendência orgânica e expressionismo, entre Wright e Mendelsohn, fornece-nos os ingredientes necessários. E o protesto vai até ao fim, arrastando a indolência que impôs, à nascença, o caminho da perspectiva renascentista.

O HUMANISMO ANTICLASSICISTA

Um comentário de Elio Vittorini a *As Duas Culturas*, de C.P. Snow, estimula a averiguar a natureza do contraste entre posições humanistas e científicas na arte, reportando-o à arquitectura. Tema de enorme alcance: implica uma revisão de muitas avaliações historiográficas, pelo menos a partir de Seiscentos; lança nova luz sobre a diferença entre engenharia e estilos académicos em Oitocentos; põe a nu as razões da actual crise do modernismo; e, principalmente, incita a lutar contra as regurgitações, sempre renovadas, do classicismo.

Vittorini é mais corajoso e perspicaz do que Snow: a incomunicabilidade entre literatos e cientistas, afirma ele, não é superável com mediações extrínsecas, divulgando a ciência entre os humanistas e o humanismo entre os cientistas. A tarefa é muito mais complexa: é preciso, antes de mais, reconhecer o carácter reaccionário do humanismo tradicional, e depois apostar na construção de um humanismo moderno, que nasça do pensamento científico. Sintetizemos as suas teses, usando as suas próprias palavras:

1. *Carácter retrógrado da cultura humanista, a partir de Galileu*. A rotura entre as duas culturas nasce no momento em que a segunda (a científica) rejeita a antiga visão do mundo (a clássica, cristianizada), para postular uma nova, em contínua transformação. A unidade cultural que existia até à Idade Média, com bases aristotélicas, vem a dividir-se devido à incapacidade de avanço de uma parte (a humanista) em relação à vocação de desenvolvimento da outra (a cientifica). O humanismo, que era a totalidade da cultura, torna-se a sua parte retrógrada logo que se manifesta a exigência de sair dos preconceitos, das proporções sagradas do velho modelo cultural. O humanismo é contra as máquinas, a produção industrial, as técnicas, a experimentação, contra toda a inovação que não seja revivalista e restauradora.

2. *Incapacidade dos cientistas de promover um novo humanismo*. Os cientistas têm tendência para abdicar: fazem a revolução e depois deixam que ela seja administrada pelos políticos, todos humanistas; inventam a bomba de hidrogénio e entregam-na aos generais, que são humanistas. A revolução que se desenrola no interior da ciência e da técnica diz respeito a factos e conquistas, não aos operadores, aos cientistas e aos técnicos, enquanto homens. É uma revolução de coisas, a que falta a consciência revolucionária, de modo que no governo e na utilização dessas invenções tudo continua a andar como antes. Copérnico e Galileu descobrem que a Terra gira em volta do Sol, mas a terra continua a ser governada pelas leis de Ptolomeu. Ainda hoje os industriais, detentores do poder no mundo ocidental, embora estejam próximo dos cientistas, preferem aliar-se aos humanistas, porque sentem que, se a ciência predominasse, seria levada a instaurar uma ordem social diferente. Nos países socialistas a situação não é melhor, uma vez que a estrutura do pensamento das classes dirigentes continua a ser humanista.

3. *Condições para o advento de um humanismo científico*. A cultura científica não poderá substituir a tradicional, humanista, a não ser na condição de se tornar, ela mesma, um humanismo, isto é, de assumir uma responsabilidade humanista. Na raiz do velho humanismo encontra-se a estrutura fechada da língua latina; há o vício moralista de verter lágrimas sobre a baixeza dos costumes contemporâneos, mitificando as virtudes do passado; há a cristianização deste vício, que radicaliza como ódio à vida terrena aquilo que tinha sido desprezo do pre-

sente, e como referência ao além aquilo que fora a saudade de uma hipotética idade de ouro. Talvez o desespero moderno em relação à condição humana, a angústia existencial, seja uma atitude retórica em que se prolongam, exacerbados, os ideais clássico-cristãos. Não há, pois, motivos para nos admirarmos com o facto de também os intelectuais de vanguarda serem, intimamente, contrários a qualquer mudança que comporte ter de suportar um crescimento: a sua cultura é humanista, ligada à ciência antiga, oposta ao método experimental de Galileu. «A actual oposição entre cultura humanista e cultura científica é um pseudoconceito. Na verdade, a verdadeira oposição é entre uma cultura velho-científica e uma cultura neocientífica».

Estas considerações podem ter um reflexo imediato na arquitectura, onde, porém, um humanismo moderno, baseado no método experimental e portanto desmitificador dos preconceitos académicos, emergiu há séculos:

1. A partir da época de Borromini, ou mesmo de Miguel Ângelo, o contraste entre humanismo classicista e nova mundividência tornou-se irremediável. A ciência e a arte autêntica constituem a heresia em perpétua luta contra um humanismo que, dos neoquinhentistas aos neoclássicos, é reaccionário, reforça preconceitos e proposições sagradas, despreza ou corrompe, tolerando talvez as formas mas não os seus conteúdos, qualquer movimento de renovação. O desperdício é incalculável. Até no âmbito minoritário das vanguardas, as traições e as degenerações cobrem uma área enorme da história da arquitectura a partir do Renascimento. Se Galileu se rende perante as chantagens da Inquisição, Miguel Ângelo, depois dos projectos para as fortificações florentinas, renuncia a desmantelar definitivamente o classicismo. Borromini retoma o protesto, mas é afastado. No último século cedem, em vários momentos da sua actividade, Victor Horta, Joseph Hoffmann, até Adolf Loos; e depois Gropius, Mies, Oud, Aalto. Recua, com pouquíssimas excepções, a geração do meio: no classicismo, um Philip Johnson; no eclectismo, um Eero Saarinen; na «mediterraneidade», nas evasões dialectais ou num relacionamento mal interpretado com as preexistências ambientais, quase todos os italianos. O monumentalismo alastra em Washington, nos países fascistas, na URSS de Estaline, enquanto o abismo entre ciência e velho humanismo se cristaliza no divórcio entre engenharia e *Beaux-Arts*.

2. A salvação da arquitectura através da engenharia é uma ilusão oitocentista. A fileira dos Eiffel e dos Maillart bem depressa se esgota. Os técnicos abdicam, põem as suas estruturas e as suas instalações ao serviço dos humanistas, estão disponíveis para qualquer empreendimento, até o mais académico. Auguste Perret torna-se um arquitecto medíocre,

a ponto de inspirar o ensaio *Eupalinos*, de Paul Valéry, evangelho da orientação *Beaux-Arts*. De resto, a dita ciência das construções é empírica e aproximativa, não responde às tensões do pensamento científico avançado; daí resulta que, quando as novas técnicas são recebidas pela arquitectura, são imediatamente aprisionadas dentro de módulos humanistas. Se o purismo representa uma forma de *revival* classicista em perspectiva cubista (e Le Corbusier apercebe-se disso em Ronchamp), o neo-realismo e o informal apressam-se a atirar para trás das costas a engenharia, para satisfazer uma inquietação de conveniência, extravagante mas não herética, aliás, substancialmente conformista.

3. Apesar de inúmeros obstáculos e traições, uma visão arquitectónica dinâmica, em permanente transformação e autoverificação, ou seja, decididamente anticlassicista, afirma-se. Das *Arts and Crafts* à Bauhaus, o esforço consiste em libertar-se de todos os cânones e na capacidade de repor tudo em jogo. Ergue-se, no decurso do século, a figura colossal de F. L. Wright, com a sua devastadora rebelião a todos os preceitos, com a sua vontade artística como pesquisa contínua. Tal é, na arquitectura, o esplêndido resultado do humanismo científico. Mas a profissão não o suporta; os académicos tradicionalistas e os pseudomodernos interpretam-no erradamente, numa porção de reedições classicistas, aplaudidos tanto pela indústria neocapitalista como pelos historiadores moralistas, retóricos de um passado mitificado nos seus valores «eternos»; as tentativas para o sufocar ou adulterar são tresloucadas.

«Para o homem», escreve Stéphane Lupasco, «há duas espécies de morte: a que faz dele um sistema físico (a mais conhecida) e a que o transforma em puro sistema biológico... o academismo, no domínio das artes, ilustrará perfeitamente esta segunda morte... Não será o emburguesamento a recusa da escolha perpetuamente possível que evita, com a ajuda do hábito, ter de separar sem cessar o bem do mal, para retomar uma velha linguagem ou, dito de outro modo, ter de utilizar conscientemente o antagonismo fundamental da energia?» Pois bem, quantos arquitectos não se acomodaram a um compromisso classicista mais ou menos disfarçado? «Esta segunda morte não é tão irremediável quanto a primeira: qualquer homem "adormecido" pode "acordar", pois o antagonismo construtor do seu psiquismo está nele latente». Como remorso satisfeito, ou como possibilidade concreta de relançamento?

O critério de avaliação para a arquitectura contemporânea é seguro: está na tensão anticlassicista, na força de resistência aos refluxos da academia pseudomoderna. A questão capital, do Renascimento em diante, é a heresia que não consegue tornar-se método e costume.

O VATICÍNIO DE RIEGL E *FALLINGWATER*

No célebre ensaio *Spätrömische Kunstindustrie*, Alois Riegl distingue dois momentos do processo arquitectónico: a formação espacial e a composição das massas. Está aberta à vontade artística, diz ele, a opção de valorizar as cavidades à custa das suas delimitações, ou vice-versa. A história atesta uma evolução precisa: passa-se de uma visão que tem horror aos vazios, e os despreza, a uma época que os exalta. Para Riegl, essa época era o gótico; para nós, tem uma expressão avançada e madura, que se concretiza no mais corajoso e coerente alcance da investigação moderna, num dos sumos monumentos criados pelo génio humano ao longo do seu percurso milenário: a casa Kaufmann, em Bear Run.

O estudioso vienense detém-se a caracterizar os principais tipos arquitectónicos da Antiguidade. A pirâmide egípcia oferece ao espectador as superfícies de quatro triângulos isósceles, isto é, um objecto essencialmente plástico, impenetrável, que suprime a existência do espaço na medida em que o julga prejudicial à tangibilidade das coisas. Nos templos egípcios, as salas estão cheias de selvas de colunas que despedaçam, sufocam, anulam os espaços; faltam as janelas nas paredes perimétricas, pelo que se exclui qualquer comunicação entre interior e exterior. Um primeiro reconhecimento da profundidade, ou seja, da dimensão essencialmente arquitectónica, encontra-se nas colunatas helénicas; os elementos que a determinam, porém, estão ligados às paredes fechadas do compartimento, na retaguarda, funcionando como saliências de um plano de fundo.

O espaço interior apresenta-se majestoso no Panteão, mas dentro dos limites de uma matéria cúbica imóvel na sua unidade cêntrica formal; a compactidade da massa cilíndrica da rotunda não é posta em causa pelos nichos perimétricos, inseridos na espessura murária, nem por aberturas nas paredes. Ao invés, uma composição articulada das massas está representada no chamado Templo de Minerva Médica: aqui, a matéria cúbica estática do Panteão distende-se nas ábsides, que não despedaçam mas sim dilatam as superfícies contentoras; as janelas estão presentes no tambor e quebram o isolamento do objecto, animando o diálogo regular entre interrupções obscuras e planos de fundo. Desta coroa de nichos aos anéis concêntricos de Santa Constança a transição é espontânea.

Com a basílica cristã inicia-se uma representação mais complexa: as cavidades são calculadas em função de atracções perspécticas longitudinais, e mais tarde também verticais. No período românico as unidades espaciais cúbicas sucedem-se ao longo das naves com um método aditivo que se torna veemente e rigoroso no gótico; então, a lenta erosão e depois a eliminação da espessura murária culminam numa osmose entre espaço interior e espaço exterior, numa imagem contínua.

Riegl, com uma intuição extraordinária, afirma que a arquitectura romana tardia «reconhece o espaço como dimensão material e cúbica – e nisso se diferencia da arquitectura oriental, antiga e clássica; mas não como grandeza infinita e desprovida de forma – e nisso se diferencia da arquitectura moderna». Escrevia em 1901, e os seus interesses não iam além do mundo barroco; mas nesta intuição encontra-se um vaticínio que se realizou trinta e cinco anos depois, num texto poético sublime, cujo espaço é entendido, precisamente, como «dimensão infinita e desprovida de forma».

Podem levantar-se reservas ao pensamento de Riegl, dado que esta reconstrução ideal de uma vontade ou intenção de arte, que de sólidos autónomos e impenetráveis se volta para espaços contínuos, fluentes e informais, apresenta algo de mitológico e ao mesmo tempo de categorial. Mas a crítica intimamente participante, incidindo com paixão na fenomenologia expressiva, extrapola a intenção, forma sistema com o impulso criativo, termina numa profecia. A milenária vontade reprimida, ou condicionada, de um espaço infinito, tendo-se libertado em parte nos organismos revitalizados pelas modinaturas góticas, pelas proporções renascentistas, pelas interpenetrações barrocas engrandecidas pela luz, reproposta no estruturalismo oitocentista e no princípio do *plan libre* racionalista, havia de encontrar o seu resultado final, ainda hoje espantoso, em *Fallingwater*. Resultado final em sentido rigorosamente histórico, uma vez que Wright, nessa obra-prima, determina uma época da arquitectura da qual a cultura actual, mesmo mais actualizada, dista vinte ou talvez cinquenta anos. Gropius, Mies, Aalto, e até Le Corbusier desaparecem em presença dessa criação titânica: o destaque é comparável àquele que separa Antonio da Sangallo e os maneiristas da explosão miguelangelesca.

Num mundo alienado e portanto idólatra, é uma obra que incute medo. Prova-o o facto de haver milhares de arquitectos e historiadores de arte que nunca realizaram o esforço de ir até Bear Run. Quando se discute sobre essa ignorância absurda e grotesca, a resposta típica é: «Para mim, é demasiado!» É-o, efectivamente. Caravanas de América nos atravessam o Oceano para ver a capela de Ronchamp ou a Tourette de Lyon. Lógico: transposta para termos linguísticos modernos, Ronchamp corresponde ao Templo de Minerva Médica, articula e subverte a composição das massas, instrumenta a luz de modo tão eficaz que confere ao espaço um novo valor, «indizível»; reflecte um estádio a que poderíamos chamar antigo tardio, ou maneirista ou barroco, actualíssimo em relação à alienação contemporânea e aos seus «regressos», mas muito mais remoto do que aquela posse total da realidade arquitectónica que se realiza na Casa sobre a Cascata.

Formação espacial e composição das massas: os dois momentos em que Riegl dividia o processo arquitectónico da Antiguidade permanecem separados em todos os arquitectos modernos, excepto em Wright. Mies, depois do pavilhão de Barcelona, urde os seus prismas dentro de uma malha estrutural tradicional, em composições estáticas ou pseudodinâmicas, cujo invólucro transparente não basta para mediar a justaposição de células de «matéria cúbica». Aalto retoma uma pesquisa de expressão barroca, sublinhando a corporeidade das delimitações e dos contentores. Le Corbusier rejeita a noção racionalista da planta livre no grito de Ronchamp, mas não é por acaso que regressa ao «rochedo», em larga medida fechado. Nestes exemplos, a relação entre cavidade e espaço exterior permanece indecisa entre o afastamento do contexto paisagístico, a tentativa de se camuflar e a veleidade de contrastar. Mantém-se o estorvo das alternâncias de cheios e vazios, isto é, o tão gasto problema das «fachadas» e das suas proporções. A estrutura continua por resolver, ou porque repete a grelha regular ou porque é inerte.

Prescindimos dos valores poéticos, que podem ser altíssimos até mesmo em estádios culturais retrógrados. O tema que aqui se debate diz respeito à maturidade da visão arquitectónica. *Fallingwater* é uma projecção do futuro no mundo de hoje. Emerge na continuidade paisagística como uma articulação de espaços «destituída de forma», isto é, queimou as formas elementares da «matéria cúbica» e todos os resíduos classicistas. Os seus espaços interiores não são encerrados; não existem fachadas; não há distinção entre estruturas e pesos suportados, pois todas as suas partes participam na orquestração estática que se identifica com a espacial. Pela primeira vez na história da humanidade, a formação das cavidades e a composição das massas coincidem. A Casa sobre a Cascata resolveu realmente todos os problemas linguísticos com que nos debatemos, ou pelo gosto cansado e desolado da problemática ou por medo inconsciente da arquitectura.

CIDADE, LÍNGUA E «URBATECTURA»

Quem lê *Parlare Italiano*, uma antologia para os biénios da escola média superior compilada por Tullio De Mauro, pode anotar as inúmeras analogias que se têm verificado ao longo da história entre comunicação escrita e verbal e comunicação projectada nos tecidos urbanos. Alguns exemplos que o demonstram:

– um dos primeiros textos em «vulgar» encontra-se numa inscrição das catacumbas de Commodilla. Como é sabido, o traçado da rede de catacumbas representa, mesmo a nível simbólico, o acto de revolta e o instrumento de corrosão da cidade imperial romana;

– desde o século IV até ao ano mil, a linguagem falada decompõe e reorganiza a gramática e a sintaxe do latim clássico. No urbanismo e na arquitectura recontextualizam-se as citânias e os monumentos. As pessoas apoderam-se de circos, teatros, termas, anfiteatros, acampamentos militares, tamponando as suas arcadas e colunatas, atenuando a rigidez das suas estruturas e ocupando os seus espaços vazios. É frequente que na língua vulgar se introduzam ou resistam palavras latinas: precisamente aquilo que acontece nas igrejas, onde arquitraves e colunas dos templos pagãos são reutilizadas para mensagens inéditas;

– depois do ano mil, enquanto a língua se consolida, triunfa o «modo de narrar contínuo», que os romanos tinham descoberto nas sequências fílmicas das colunas antoniana e trajana. Em Pisa, o conjunto formado pela catedral, o baptistério e a torre inclinada constitui ainda uma acrópole à parte. Mas em Perugia, Florença, Siena, cada elemento arquitectónico funde-se no contexto, deriva dele e condiciona-o, a ponto de os próprios edifícios – pense-se no extraordinário Palazzo Vecchio, na praça da Signoria – só se fazerem entender em função dos nós urbanos. Estamos na idade prodigiosa, «loucamente temerária», dizia Le Corbusier, na civilização urbatectónica por excelência, em que se constrói a Europa e o seu sistema de cidades, sem as desenhar;

– com o Renascimento, volta a estar na moda o latim, em formas por regra artificiosas e embalsamadas. Também na arquitectura se tem como objectivo uma restauração do antigo, ou melhor, dos seus mitos. Fugas para a frente nos esquemas da «cidade ideal», compromissos entre tecidos medievais e violentas inserções perspécticas, frustrações originadas pela diferença entre imagens sonhadas ou cogitadas e realidade. Constitui excepção Ferrara e, em parte, Urbino;

– o plano de Sisto V, formulado no biénio 1588-90, traduz as intervenções unidireccionais da Rua da Lungara e da Rua Giulia, numa trama polidireccional. Mas em breve o urbanismo «desenhado» entra em crise, tal como a visão perspéctica, que é o seu *médium*. Os maiores arquitectos, de Miguel Ângelo a Paládio e Borromini, não desenham planos reguladores, criam «pólos» de incentivação arquitectónica, coagulam os seus impulsos contestatários em fulcros ferozmente elaborados, como Borromini, ou dão-lhes soluções espalhafatosas, como Bernini. As analogias multiplicam-se. Galiani e Alfieri escrevem em francês? Turim refere-se a essa mesma matriz. No Sul as persistências clássicas misturam-se com os barroquismos espanhóis e com os dialectos?

A história de Nápoles confirma-o: as tentativas para transformá-la numa capital europeia levam a projectos megalómanos e a um nada de facto;

– o iluminismo é imediatamente corrompido pelo pesadelo do aulicismo, por concepções das quais a história está ausente, dogmáticas, universais e eternas, mais próprias dos cemitérios do que dos organismos urbanos. Génova-Staglieno fala metade latim e metade francês. A praça napolitana do Plebiscito transforma comodamente um fórum napoleónico num cenário clérico-borbónico. Completamente ignorada a cultura paisagística anglo-saxónica, excepto em alguns episódios em Palermo;

– com a unidade de Itália a história complica-se, na língua e nas cidades. Um mesmo «dançar em cima de ovos» dos estilos mais incongruentes. E na arquitectura faltam tanto as páginas rigorosas de Leopardi, Manzoni e De Sanctis, como os dialectos sanguíneos de Carlo Porta e Gioacchino Belli. Pelo que a tentativa de elevar o «toscano» a língua nacional tem como resultado os abortos do Palácio da Justiça e do Vitoriano, as demolições absurdas, o reduzido peso da «engenharia civil» nas escolas-tipo, nas estações ferroviárias-tipo, nos líricos urinóis-tipo;

– o período fascista reforça a epidemia. A «romanidade» desenterra o latim, macarrónico como no centro de Brescia, em Littoria e no EUR. O modernismo consegue realizar Sabaudia e a estação de Florença, mas é submergido pelo império da falsa grandiloquência e do paternalismo de dialectos afectados. Falar um italiano genuíno? Excluído, em homenagem a duas retóricas opostas e equivalentes. De resto, se uma «língua nacional» era problemática, uma «arquitectura nacional» devia redundar no grotesco;

– segundo pós-guerra. Desenvolvimento incerto, depois o trauma dos meios de comunicação de massa, que unificam o país no campo linguístico. Agora, o italiano chega até aos cantos mais remotos da península, tirando o lugar ao latim e aos dialectos; na literatura, porém, verificam-se fenómenos estranhos, entre os quais basta que recordemos o enredo de léxicos, arcaico, tecnológico e romano, em Carlo Emilio Gadda. O processo urbanístico não é menos complicado: ao «estilo internacional», ao racionalismo do QT8 e dos melhores bairros Ina-casa, sucede a pseudo-ideologia do «espontâneo», depois o *neo-liberty*, depois um enésimo *revival* neoclássico acompanhado por tangentes neobarrocas, e por fim a droga do *design* informal, das utopias, dos hinos à morte da cidade e da arquitectura.

A difusão dos *mass media* coincide com a tomada de rumo da reintegração arquitectónica, urbana e territorial. Jan Lubicz-Nycz cunha o termo *urbatectura* e explica as razões:

«Nos tempos em que o processo de urbanização se acelera com extrema rapidez, a arquitectura como disciplina dedicada à criação de edifícios individuais com função específica – escola, igreja, casa, fábrica, hospital, etc. – torna-se o rasto exangue da actividade artesanal do passado... Até agora, o controlo e a modelação do ambiente físico não entram no âmbito da arquitectura. O século XIX assinalou o divórcio entre arquitectura e engenharia, e entre arquitectura e urbanismo; esse divórcio deixou nas mãos diletantes do arquitecto uma arte superficial, análoga à cenografia, que se chama *urban* ou *civic design*... Os textos desta arte assemelham-se aos livros de culinária que apresentam uma lista dos vários truques do ofício: como obter uma escada certa, um sentido de drama, de tranquilidade ou de tensão no *urban design*; como projectar (cito) "um espaço sem a quarta parede", "um espaço com ângulos abertos", "um espaço com ângulos construídos", "um espaço como moldura de um edifício principal", etc... Este *urban design* é um expediente para preencher o hiato existente entre a arquitectura como actividade de *prima donna* e a planificação urbana como disciplina correctiva e preventiva, muitas vezes contrária à arquitectura e capaz de a frustrar...». «O urbanismo moderno produziu duas ideias, com as quais tem procurado continuamente, e sem sucesso, responder às dúvidas crescentes colocadas pelo processo de urbanização. São elas: a) a cidade-jardim, que baixou a sinónimo de expansão periférica; b) a *Ville Radieuse*, que propugnou o uso racional de edifícios altos, a viabilidade a muitos níveis, os arranjos paisagísticos, mas na realidade foi utilizada para realizar blocos residenciais enormes e desumanos, barracas verticais estúpidas e inexpressivas, deixadas na desolação se forem de propriedade pública, e com alguma decoração se construídas para fins especulativos...». «A criação de zonas e a mentalidade segregacionista continuam a separar a vida em compartimentos estanques, zonas industriais, zonas residenciais, comunicações e transportes, zonas recreativas... Urge que daqui em diante nos libertemos desta concepção de unidades isoladas, pensar estruturas orgânicas com pluralidade de funções, capazes de dar forma a cápsulas-contentores de humanidade, de um sistema de vida». «Observem os supermercados modernos; a arquitectura limita-se ao interior, porque o volume em geral é constituído por quatro paredes cheias. As residências, pelo contrário, exigem também um exterior com aberturas amplas. Se, aliás, pensarem que um supermercado deve situar-se nas proximidades de um grande número de habitações, não vos parece que uma simbiose abrangendo o próprio edifício seria útil? É minha convicção firme que a multiplicidade das funções urbanas já não deve ser enfrentada com o método de uma agregação mecânica, e que pode encontrar uma síntese».

É claro que o conceito de reintegração excede o da polifuncionalidade arquitectónica. É preciso inventar uma nova relação entre casas e ruas, entre espaços públicos e privados. Os utopistas britânicos e japoneses já prefiguram uma paisagem urbatectónica alternativa, *bricolage* de células empilhadas e ligadas por tubos de comunicação. O Habitat '67, em Montreal, miniaturiza o encaixe residência-serviços.

O problema, porém, é mais extenso, diz respeito ao território, à relação instalações-natureza ou, como se diz, à cidade-região. A esse nível, o pensamento de Frank Lloyd Wright é uma vez mais profético: ele foi o primeiro, e o único, a compreender que o advento do automóvel implicava o fim da dicotomia cidade-campo, a dispersão dos aglomerados e, ao mesmo tempo, a concentração demográfica em macroestruturas. De um lado, Broadacre City; do outro, o arranha-céus com cerca de 300 metros de altura.

O confronto entre a evolução da língua verbal e a da cidade apresenta dificuldades metodológicas notáveis; mas é essencial para o controlo científico da linguagem urbatectónica.

URBANISMO E *POP ART*

Desgaste do informal: arte programada e *pop art*. Como se coloca a arquitectura nessa alternância?

Que uma arquitectura informal é realizável já foi muitas vezes reconhecido. As poéticas do «gesto» e da «matéria» exerceram notável influência, levando os arquitectos a confiarem mais no esboço feito com a mão do que com a máquina de desenhar, estimulando-os a reanimar as superfícies, a manchar as suas configurações imaculadas, a torná-las granulosas sob a luz; mas é uma influência sobre os aspectos plásticos dos edifícios, sobre os volumes desvinculados do rigor estereométrico e muitas vezes agressivamente desengonçados, sobre as estruturas e sobre as paredes investigadas na profundidade material e depois abandonadas ao acaso da sua formação, sem aperfeiçoamentos. Na sua essência espacial, ao invés, a arquitectura não podia acolher a mensagem informal, pois o seu próprio avanço impõe um afastamento entre projecto e execução, que é justamente negado tanto por Pollock como por Fautrier; pode-se tentar reduzir esse afastamento ao mínimo, mas ocultá-lo é fingimento.

O desgaste ou a superação do informal pode portanto ser acolhido favoravelmente pelos arquitectos, uma vez que permite restabelecer um diálogo com os pintores e os escultores. Mais do que isso: o informal é o alcance extremo da vontade de dissolver a concepção renascentista do espaço e, nesse sentido, conclui um itinerário da arte moderna, a partir do impressionismo; mas para os arquitectos, o problema não pode ser resolvido com uma operação meramente negativa, anulando o espaço nas suas múltiplas dimensões. À concepção renascentista, que reaflora constantemente nos edifícios pseudo e semimodernos, é preciso opor uma nova concepção do espaço, não o nada informal.

Arte programada. Objectivos, processos, poéticas – e também ideologias: do desenho industrial ao trabalho de grupo – parecem plenamente adequados ao método arquitectónico. As correntes «gestálticas» relacionam-se com a tradição da Bauhaus, de que conhecemos as veleidades, as lacunas e as derrotas, mas também o contributo fundamental, sempre indispensável. Lembrando que nos *objets mobiles* o mecanismo é projectado, mas o resultado escapa ao controlo e varia até ao infinito, caem todas as dúvidas: perante o dilema «arte programada ou *pop art*» optamos pela primeira. Principalmente à escala urbanística, a arquitectura pertence naturalmente a esta corrente, porque programa o desenvolvimento dos territórios e das instalações, criando mecanismos e institutos aptos a determinar – nas múltiplas hipóteses do plano «aberto» – um panorama moderno e inédito.

As intenções, porém, não bastam. Seja qual for o valor potencial da arte programada, os seus produtos empalidecem em confronto com o ímpeto transbordante da *pop art*. As modulações de vazios e cheios e de brancos e negros, as experiências visuais no campo cinético e as pesquisas de efeitos ópticos relacionados com as vibrações fenoménicas da luz propõem-se como sintoma, mais de um desejo moral de resgate da alienação do que de um corajoso empreendimento criativo; aliás, nos produtos menores, o delineamento científico e objectivo dos trabalhos de grupo parece ser o reverso polémico da própria alienação, o refúgio desesperado numa racionalidade hoje contestada por todos os lados. Tacanhos, muitas vezes defeituosos, os *objets mobiles* atraem a curiosidade, mas não conseguem seduzir e muito menos convencer.

Muito diferente é a carga provocatória da *pop art*. Robert Rauschenberg domina; embora não seja classificável, *tout court*, na *pop art*, para ele remete o discurso que aqui interessa. «A pintura está relacionada com a arte e com a vida. Nem uma nem outra podem ser criadas *ex novo*. Eu procuro agir no intervalo que existe entre as duas» (*Painting relates to both art and life. Neither can be made. I try to act in that gap between the two*). Este é um grande pensamento, uma indicação extraordinária também para os arquitectos.

Quanto a Pollock e a Fautrier, o grande passo dado por Rauschenberg consiste em quebrar a incomunicabilidade entre arte e vida, isto é, o isolamento da arte. A pintura já não é uma operação autónoma que o indivíduo executa solitariamente; liga-se com o mundo exterior, assume os seus objectos, até os mais desprezados, transpõe a moldura do quadro e a parede para irromper no ambiente vivido; e com isso não renuncia a intervir na realidade, antes serve de mediadora entre os seus fragmentos desolados, com pinceladas que, humanizando-os, a redimem. É uma aventura nova, distante quer dos *objets trouvés* de Duchamp quer dos trapos rasgados de Burri: o diálogo com o mundo nasce de uma reconciliação espontânea com a paisagem desolada, com as cidades sem forma, com as estradas americanas nuas, descontínuas e pejadas de sucata; com o feio, se assim o quiserem, com aquilo que a academia classifica como «feio» porque descomposto. Cessa a arte da denúncia e a da ironia. O artista já não persegue um ideal abstracto e mítico, um «sobremundo»; reconhece--se na realidade, e portanto consegue nela agir, comunicar, existir.

É verdade que quando a assunção do mundo exterior implica o feitiço do objecto, a arte torna-se passiva, de simples reflexão. Oldenburg e Dine, os expoentes da verdadeira *pop art*, dilapidam muitas vezes a indicação de Rauschenberg, separando-a da área genética do informal, e mortificando o reconhecimento da realidade numa *reportage* mecânica.

Arte programada ou *pop art*? Qual das duas tendências é mais actual para os arquitectos? A questão não se coloca: trata-se de dois aspectos do mesmo problema. Foi dito que a arte programada quer incidir no início do processo de produção, ao passo que a *pop art* entra em jogo no final, ou seja, no pólo do desgaste. Num âmbito negativo, a *pop art* é publicidade em versões paradoxais; mas a arte programada é veleidosa. Entendida positivamente, a arte programada é o plano regulador, prefigura um novo cenário urbano; e a *pop art* é o *town design*, isto é, a actividade através da qual as contradições inerentes ao crescimento democrático da cidade se tornam humanas e se traduzem em alegria fruída.

Este *town design* moderno e provocador constitui uma hipótese de trabalho até agora não explorada. Podemos chamar-lhe a hipótese de um urbanismo-*pop*, que não substitui mas que integra a planificação. Desfeita a ideologia do plano regulador estático, e, por conseguinte, da imagem final da cidade, é preciso encontrar a maneira de intervir nos resultados, em grande medida incontroláveis, do *planning* aberto e contínuo. É o desafio que a realidade caótica, informe e irracional do panorama urbano contemporâneo lança ao arquitecto, apontando-lhe um campo de acção destinado a preencher precisamente o vazio entre arte e vida. Um *town design* liberto da memória anacrónica de espaços e ligações urbanas de matriz medieval ou classicista, das noções tradicionais de praças e ruas e de todas as concepções perspécticas. Eis a hipótese: um *town design* em consonância com a nossa época, ou melhor, mergulhado nela, sem preconceitos e premente como a pintura de Rauschenberg.

ARQUITECTURA E COMUNICAÇÃO

Que o trabalho artístico pode ser reconduzido à teoria geral da comunicação, ainda que como estrutura específica, articulatória e orientadora, é hoje convicção de muitos estudiosos. O motivo que chama a atenção para o edifício realizado em Roma, à esquina da Rua Romagna com a Rua Campania, não tem a ver com a excelência estética do resultado, mas sim com o processo de composição e a actualidade da linguagem; é pretexto para um discurso sobre o valor da comunicação em arquitectura.

Todos sabem que uma concepção arquitectónica é moderna na medida em que contesta a instalação perspéctica renascentista e rejeita os métodos expressivos classicistas, enquanto substancialmente desligados, quaisquer que sejam o seu timbre e matriz, dos conteúdos reais. Isso é sabido e confirmado, pelo menos desde os tempos de Galileu; mas quantos profissionais, mesmo da chamada vanguarda, têm isso em conta no seu trabalho quotidiano? Perante o tema de um edifício plurifuncional, o purista envolve as várias funções com o mesmo paralelipípedo; o neoplástico faz uma decomposição em placas de todo o organismo; o expressionista procura uma unidade plástica, talvez contorcida e aguda, do bloco. Por um motivo ou por outro, todos se preocupam com «empacotar» as funções, limitando-se a denunciar qualquer pecularidade por meio de um jogo epidérmico de cheios e vazios. No edifício da Rua Campania o processo encontra-se invertido: rasga-se a caixa, vence-se a angústia absurda de uma coerência externa ligada aos preconceitos tradicionais. A faixa das lojas forma o encaixe do piso térreo; o bloco dos escritórios é tratado como espaço não diferenciado e transformável, dentro de um invólucro de vidro; a zona residencial está modelada numa série de vivendas suspensas, subtraídas a qualquer estereometria elementar.

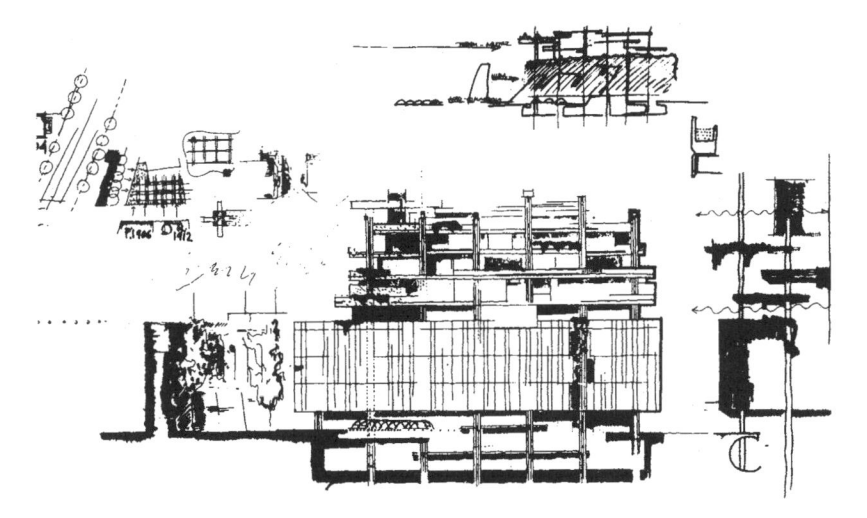

34. Esboços de projecto do gabinete Passarelli para o pequeno prédio multiusos construído em Roma, na esquina entre a Rua Romagna e a Rua Campania. No rés-do-chão, as lojas. Ao meio, o bloco de vidro dos escritórios. No alto, as residências concebidas como vivendas autónomas em relação aos corpos que lhes estão por baixo. Emissor e receptor das muralhas aurelianas que lhe estão em frente.

Queremos defini-la como arquitectura de *reportage*? Ninguém se poderá ofender: uma informação séria é preferível às paradas classicistas, quer de colunatas quer de *curtain walls*; mais vale alguns nós linguísticos não solucionados do que a enganosa «harmonia» académica de modelo antigo e novo.

O problema da comunicação arquitectónica é duplo. Por um lado, é preciso analisar o *emissor*, isto é, a intensidade de comunicação dos espaços interiores; por outro, o *receptor*, ou seja, a sensibilidade em relação ao contexto urbano. São dois instrumentos críticos para verificar o distanciamento do classicismo que, ao mesmo tempo que oculta todas as informações, produz «objectos» tão autónomos em relação à malha ambiental que poderiam ser deslocados de um lugar para outro sem se alterarem.

Não é necessário determo-nos na mensagem deste edifício como emissor, tão evidente é o seu significado. Para captar o seu valor como receptor, basta imaginá-lo transferido para outro local, mesmo a poucos metros daquele: deixaria de fazer sentido, porque foi pensado para aquele sítio, pertence àquele nó da cidade. O prisma vítreo dos escritórios, distorcido para capturar a esquina, respeita a cortina das ruas, ao passo que a parte superior não tem forma porque se insere no panorama dos telhados e do céu. Daí a quadridimensionalidade da obra, que se confirma nas imagens mais surpreendentes, conforme os pontos de observação, adquirindo feições cubistas, expressionistas, informais, refinadas ou brutalistas, *pop*.

Pop? Com certeza. A assunção da realidade exterior na obra de arte é evidentíssima. Nos septos vítreos espelham-se as construções dos lados opostos das ruas, e em particular as antigas muralhas aurelianas, nas diversas gradações do seu castanho-avermelhado. A uma arquitectura que é comunicação dos conteúdos internos liga-se outra arquitectura, reflexo das tramas urbanas; o acto explosivo dos espaços centrifugados das vivendas faz confronto com a vocação receptiva da parte média, cuja existência poética depende inteiramente do exterior, dos tons da luz absorvida e retransmitida pelas muralhas, dos dias e das estações.

Já que tanto se fala de teorias da ambientação, impõe-se que se diga que este edifício, justamente por romper decisivamente com o ambiente, brota dele e nele se integra de modo orgânico; dialoga com o antigo sem permutas, falsos empréstimos ou citações subtis, ou seja, corroendo a concepção tridimensional do Renascimento e queimando todos os resíduos classicistas, tara das consciências artísticas desde há três séculos até hoje.

MÉTODOS INDUTIVOS E CARÁCTER CIENTÍFICO INVENTIVO

Que o marxismo nos seus vários disfarces – dogmático numa primeira fase, depois «actualizado», diluído e tornado «caseiro» – constituiu um factor culturalmente distractivo e negativo durante um precioso triténio, parece estar hoje comprovado; reconhecem-no até mesmo aqueles que, em autodefesa ou por falsa coerência, são forçados a negá-lo. Foi prejudicial, de igual modo, aos marxistas e aos não-marxistas, porque impediu a aquisição de alguns parâmetros fundamentais do pensamento contemporâneo.

O caso de Karl Popper é sintomático. Há cinquenta anos que qualquer estudante dos países anglo-saxónicos conhece as suas obras; em Itália, pelo contrário, ainda hoje suscita espanto e traumas. Porque isso pode determinar uma viragem decisiva nos métodos de projectar arquitectura, procuremos traduzir a sua essência nesta perspectiva, tirando partido de um óptimo ensaio recapitulativo de Marcello Pera.

O marxismo parte de uma teoria e depois procura, e naturalmente encontra, confirmações fáceis na realidade. Popper, pelo contrário, apoia a atitude científica de Einstein, o qual recusa defender-se perante os factos que o podem desmentir, e exige controlos. Pois bem, «empírica ou científica é somente aquela teoria que a experiência pode tornar falsa, isto é, que pode indicar quais os factos que – se sucedessem – a refutariam... Uma teoria científica genuína é uma proibição: dizendo como as coisas são ou como se passarão, ela proíbe que sejam ou que aconteçam de maneira diferente... O conteúdo empírico das teorias é proporcional ao seu grau de proibição: quanto mais estados de coisas elas proíbem, mais dizem. Uma teoria que não proíbe nada, não diz nada. O caso limite é o das tautologias que não têm conteúdo porque são completamente desprovidas de possíveis desmentidos empíricos». Bastaria esta observação para demonstrar como é fútil o chamado *Post-Modern*: defendendo a «desinibição» em relação aos problemas linguísticos, admite tudo e evita todas as verificações factuais. Também em arquitectura, quem quiser construir uma teoria científica tem de se sujeitar a duas condições: derrubar todas as defesas protectoras e formular teses que os factos possam tornar falsas.

«Mas como se constrói uma teoria científica? A esta pergunta, uma longa e respeitável tradição tinha respondido: com o método inventivo, recolhendo factos e extraindo deles a teoria. Entre 1921 e 1928, Popper convence-se que esta resposta está irremediavelmente errada e começa a opor-lhe aquela concepção anti-indutiva que é o traço mais típico da sua epistemologia». Já que «os dados da experiência nunca são percepções puras, e sim sempre interpretações à luz de teorias e de esperanças, conscientes ou inconscientes, préexistentes e em parte inatas... o problema da indução dissolve-se, porque o método de passar de uma recolha de factos a uma teoria não existe, é simplesmente um mito. Que factos é que se podem recolher, se não tivermos antes uma teoria que nos guie, um interesse que nos oriente, um problema que nos estimule? As observações são sempre selectivas, falam sempre a favor ou contra uma teoria. Então, o método da pesquisa não é dos factos às teorias, mas sim o inverso: das teorias ou hipóteses aos factos que as possam verificar ou desmentir. Por isso: conjecturas e refutações, tentativas, mesmo se arriscadas e perigosas, para adivinhar, e controlos rigorosos».

No campo da arquitectura, o classicismo representa o dogma anticientífico. Postula leis super-históricas e não tem a preocupação de verificá-las. Se é desmentido pelos factos, pelas inúmeras obras-primas que lhe refutam as leis da simetria, da consonância, da perspectiva, não se alarma; tal como para o marxismo, «os factos não têm razão» se não se adaptarem às teorias.

Ao invés, a linguagem moderna, anticlássica, não se baseia em factos consolidados, mas sim nas excepções, não nos dados que sugerem regras, mas sim nos fenómenos que as refutam. Quando se afirma que o código anticlássico é um código de anti-regras, muitos linguistas torcem o nariz, porque raciocinam pelo método indutivo; mas é rigorosamente científico, porque as suas hipóteses são abertas aos controlos da experiência. Santa Sofia em Constantinopla, a cúpula de Santa Maria del Fiore, Sant'Ivo alla Sapienza e a Casa sobre a Cascata não podem resultar de uma recolha de factos ou de experiências. Partem de uma invenção livre, o único campo verdadeiramente científico, e verificam-na.

«Assim, o empirismo é invertido. Popper substitui a teoria empírica da mente como balde vazio para a encher com conteúdos de experiência pela teoria da mente, como farol que projecta a sua luz (hipóteses, teorias, esperanças), na tentativa de captar a realidade cada vez mais profundamente». Consequentemente, deve-se sublinhar que «a questão das fontes é uma questão mal colocada, porque leva a um regresso ao infinito e porque confunde a origem de uma ideia com a sua validade. A verdadeira questão perante uma ideia ou uma teoria não é: de que fonte provém, mas sim: quais os controlos que supera». Os nossos historiadores neoclássicos, neobarrocos, *neoliberty*, neo-islâmicos, neo-pós-modernos deveriam ruborizar-se de vergonha; aliás, pior do que isso.

«Tal como o fanatismo católico ontem, o historicismo moderno é uma fé que tem milhões de mortos na consciência. O porquê diz-se rapidamente. O historicismo é o ponto de vista segundo o qual existe uma lei de evolução da sociedade e da história, uma lei que os homens não fazem mas a que se sujeitam e com a qual, quando muito, colaboram. Mas se há uma lei que governa a história "apesar dos indivíduos", como dizia Croce, ou que regula o movimento da sociedade, como dizia Marx, ou ainda, que preside ao desenvolvimento do Espírito, como afirmava Hegel, então o conhecimento dessa lei – o conhecimento do futuro da história – não dá escapatória: uma vez que o futuro é necessário, quem se lhe opõe coloca-se simplesmente fora da história, e portanto pode e deve ser abatido como um obstáculo por quem, por sua vez, a apoia, fazendo-se portador do progresso e parteira do inevitável. É deste modo que, sentindo-se chamada pela voz do destino, a raça eleita ou a classe eleita vai à luta ao grito de "Deus está connosco" ou ao seu equivalente "a História está connosco"». De facto, «o historicismo e as teorias que a ele se referem são uma mistificação; não seguem a via correcta das ciências sociais, mas sim a da teologia da história». É por isso que essas teorias não fazem vaticínios verificáveis, sendo apenas «profecias impossíveis de serem consideradas falsas», dogmáticas e anticientíficas como a marxista, doutrina que substitui «Deus» ou a «Ideia» pelo ídolo do «estímulo económico».

Também se aplica à política. «A sociedade aberta é aquela que adopta a atitude científica», vertebrada «pelo binómio conjecturas (sejam elas quais forem e seja de onde for que provenham) + refutações. Em sua correspondência, a fórmula da sociedade aberta é: máxima liberdade + oposição institucionalizada. Pergunta-se amiúde: mas quem é que deve comandar, quem deve deter o poder? E responde-se: o povo, os trabalhadores. A democracia – continua a dizer-se por todo o lado – é a participação das massas nas decisões políticas. Não. A pergunta sobre o poder está mal posta (como aquela sobre as fontes do conhecimento) e a resposta, apesar de divulgada, está errada e, pior ainda, é perigosa. Errada, diz Popper, porque a questão não é quem deve comandar, mas quais são os institutos de controlo que é preciso ter para que quem comanda, quem quer que seja, cometa o menos possível de erros (dado que todos os cometem). E perigosa, porque é sempre de tipo autoritário, uma vez que leva a identificar num sujeito social (a burguesia, os trabalhadores, ou porventura o rei ou o papa) uma fonte "eleita" ou "escolhida" de poder. Por isso a sociedade aberta, a sociedade democrática, não é participação mas sim controlo... E a democracia existe se a iniciativa de quem governa for posta à prova por quem se opõe. Exactamente como na ciência».

O mesmo, exactamente o mesmo, em arquitectura. O classicismo é a forma da sociedade fechada, amada pelos cobardes e pelos medrosos. «Não há dúvida que a harmonia e a beleza da sua imagem ideal, sem ódio, sem exploração e sem conflitos, seduzem como o canto de uma sereia. Baseia-se na esperança de afastar o diabo do mundo e na certeza de reconquistar o paraíso perdido. Mas tanto uma como a outra não têm fundamentos: "para aqueles que comeram da árvore da sabedoria", escreveu Popper, "o paraíso está perdido"».

Pois bem, quantos arquitectos, quantos docentes de arquitectura nas nossas universidades comeram daquela árvore? Quantos rejeitam os métodos indutivos, com a sua inútil e cansativa acumulação de dados, e seguem o método einsteiniano da «invenção livre» e do controlo? Quantos promovem a aprendizagem através de hipóteses e conjecturas arriscadas, e quantos pelo contrário, temendo-as, se barricam atrás de montanhas de «experiências» e «fontes» de teorias dogmáticas?

Para a arquitectura é urgente um 29 de Maio de 1919, uma «expedição de Eddington». Sem ela, continuaremos a vegetar na letargia da indução, isto é, no mecanismo tautológico que sufoca a cultura e a escola.

A PROFECIA DE UMBERTO BOCCIONI

«Corremos a pontapé a apatia comercial e tradicional dos pintores e dos escultores italianos, e está na hora de chicotear a mentalidade de negociante e a cobardia dos arquitectos... Na criação arquitectónica, o passado oprime a mente do comitente e do arquitecto. Todos os salsicheiros sonham com o renascimento ou outra coisa qualquer, para não falar na asnice monumental do Estado... O plágio que esta praga da arte italiana traz em si e paralisa o desenvolvimento de uma arte arquitectónica...»

Até aqui, os apontamentos para um «manifesto da arquitectura futurista», descobertos por Zeno Birolli entre os manuscritos inéditos de Boccioni, concordam, nas palavras e no tom, com o protesto subversivo de F.T. Marinetti e Antonio Sant'Elia. A analogia, porém, fica-se por aqui. Relendo estas folhas, escritas provavelmente entre o final de 1913 e o início de '14, é notável o distanciamento de Boccioni da teoria palavrosa do futurismo. A ponto de parecer imperdoável a decisão de Marinetti de não publicar este manuscrito, encontrado e identificado por ele entre os papéis do grande escultor-pintor desaparecido em 1916.

Se Marinetti tivesse divulgado nessa altura o manifesto de Boccioni, talvez tivéssemos tido uma arquitectura futurista, e não apenas visões e cenografias arquitectónicas. À ideia do dinamismo plástico era inerente uma hipótese que podia ser transferida para os espaços e para os volumes arquitectónicos. Boccioni tentou explicitá-la. Quando? Depois da peregrinação a Paris, das conversas com Guillaume Apollinaire, enfim, depois de ter conhecido e apreciado os cubistas e os expressionistas. Compreendeu que o axioma futurista do «movimento» não bastaria para definir uma linguagem arquitectónica, mas servia, podia servir para injectar no cubismo uma dinâmica que lhe teria evitado todos os perigos de regressos classicistas. Com Apollinaire projectou uma operação cultural de enorme alcance, uma frente das vanguardas, ou seja, uma aliança entre cubistas, expressionistas e futuristas. Tal operação teria tido duas vantagens: o afastamento do futurismo da algazarra patrioteira, e a inserção da nova arte italiana no circuito europeu. Com efeito, os futuristas, traindo aquela aliança, depressa degeneraram num provincianismo chauvinista e, entre outras coisas, não foram capazes de elaborar uma arquitectura.

Analisemos o texto de Boccioni, salientando alguns passos mais importantes:

1. «Os navios os automóveis as estações ferroviárias ganharam tanto mais em expressão estética quanto mais subordinaram a sua construção arquitectónica às exigências das necessidades a que se destinavam. Os grandes alpendres ferroviários que eram remotamente associados à grandiosidade da nave da catedral são substituídos pelos abrigos suficientes e necessários ao comboio que chega e que parte». Não é o princípio fundamental da linguagem moderna, o elenco, o inventário das funções como base e eixo do acto de projectar? Nada de maquinismo romântico à Sant'Elia, nada de estações parecidas com naves de catedrais, talvez à beira de precipícios. Abrigos nus, simples, que ligam os comboios à cidade, sem qualquer ambição monumental.

2. «Um instrumento cirúrgico, um navio, uma máquina, uma estação ferroviária contêm na sua construção uma necessidade de vida que cria um conjunto de vazios e de cheios de linhas e de planos de equilíbrios e de equações através do qual brota uma nova emoção arquitectónica». Não parece que se ouve Arnold Schönberg falar sobre as capacidades comunicativas das dissonâncias? É a segunda invariante da linguagem moderna.

3. «Tem-se um conceito sagrado da coluna e do capitel, da cornija. Um conceito sagrado da matéria mármore bronze madeira um conceito sagrado da decoração. Um conceito sagrado do monumental um conceito sagrado da estática eterna. É preciso que o arquitecto atire tudo de pernas para o ar e esqueça que é arquitecto. Volte-se para um novo fundamental, que não é o arcaismo dos Egípcios ou o primitivismo dos camponeses mas que é o arquitectónico que as condições de vida criadas pela ciência nos impõem como pura necessidade». Esquecer que se é arquitecto significa voltar ao zero, desestruturar o discurso clássico, a sintaxe e a gramática da academia que postulam «um conceito sagrado

da estática eterna». Entre os preceitos da academia impera a visão perspéctica renascentista que, nascida para realçar a tridimensionalidade, acabou por massacrá-la. Voltando a «um novo fundamental», libertando-se de todos os cânones idólatras, incluindo o gosto do *strapaese*[1], reconquista-se a tridimensionalidade antiperspéctica, contributo dos expressionistas e terceira invariante da linguagem moderna.

4. E eis a assombrosa profecia: «O cubo a pirâmide o rectângulo como linha geral, em que se inclui o edifício, devem ser suprimidos: eles mantêm a linha arquitectónica na imobilidade. Todas as linhas devem ser usadas em qualquer ponto e com qualquer meio. Esta autonomia das partes que compõem o edifício quebrará a uniformidade... Conseguir-se-á antes de mais a destruição da velha e inútil simetria à qual se sacrifica sempre a utilidade. Os ambientes de um edifício devem dar, como um motor, o máximo rendimento. Com a simetria, pelo contrário, concede-se luz e espaços a ambientes que não têm necessidade deles, sacrificam-se-lhe outros necessaríssimos à vida moderna». À parte a celebração da assimetria, premissa da segunda invariante, isto é, da dissonância, sublinha-se aqui o empenhamento em desmembrar a caixa arquitectónica (o cubo, a pirâmide, qualquer volume delimitável por uma «linha geral»), desarticulando-a em partes. É a sintaxe da decomposição quadridimensional, quarta invariante linguística, codificada pelo grupo De Stijl em 1917. Boccioni intuía a sua urgência com três anos de antecedência e explicava como ela se devia prolongar para demolir o invólucro fechado: «Portanto também a fachada de uma casa deve descer subir desordenar-se entrar ou sair conforme o grau de necessidade dos ambientes que a compõem. É o exterior que o arquitecto deve sacrificar ao interior como na pintura e na escultura. E uma vez que o exterior é sempre um exterior tradicional, o novo exterior que resultará do triunfo do interior criará inevitavelmente a nova linha arquitectónica». Quem mais, no tempo decorrente entre 1913 e '14, ousava conceber uma arquitectura «do interior para o exterior», a não ser Wright? Boccioni conhecia a sua obra? Será que algum expressionista alemão lhe tinha falado da explosiva exposição de 1910 em Berlim ou lhe tinha indicado a célebre edição Wasmuth? Não sabemos. Incontestável, no entanto, é o facto de Boccioni captar um carácter sintomático da nova linguagem: partindo do interior, do catálogo das funções, exprimindo-as em dissonâncias, reconquistando a tridimensionalidade numa perspectiva anti-renascentista e decompon-

---

[1] Movimento literário italiano do primeiro pós-guerra, nascido em 1926. Completamente subjugado ao regime, tinha como pontos-chave do seu programa a exaltação do tradicionalismo e do carácter rural das regiões italianas, opondo-se às tendências modernistas e à imitação dos modelos literários estrangeiros (*N. da T.*).

do os volumes, as fachadas não têm qualquer motivo para sobreviver; o novo exterior configura-se automaticamente, projectando os espaços.

5. «Nenhum engenheiro naval ou inventor mecânico pensaria jamais em sacrificar uma ainda que mínima potencialidade da sua construção para dar lugar a uma decoração ou a uma qualquer preocupação estética cultural... A viga protegida pelo zarcão pode ser pintada com todas as cavilhas das cores do arco-íris. As cavilhas criam espaços decorativos. O encontro do vermelho-tijolo com o branco-cimento cria uma mancha decorativa. É pois um erro bestial fazer desaparecer estas matérias da construção, camuflando-as, disfarçando-as com rebocos, estuques, mármores falsos e outras vulgaridades semelhantes, dispendiosas e inúteis. Suprimimos da pintura e da escultura todas as decorações supérfluas, todas as preocupações estéticas com o monumental e com o solene tradicional». Seria pretensioso afirmar que Boccioni tinha consciência da quinta invariante, isto é, do envolvimento estrutural de todas as fibras do edifício. Não alude a desníveis e a saliências, menos ainda a organismos com concavidade e membrana. Insistindo, porém, no trinómio «economia + utilidade + rapidez», reconhecia os direitos expressivos das novas estruturas e dos novos materiais.

6. «Nós futuristas... criámos em espiral a simultaneidade a forma única e dinâmica que cria a construção arquitectónica da continuidade... A necessidade dinâmica da vida moderna criará necessariamente uma arquitectura evolutiva... Não se pode falar de estática e de eternidade quando em cada dia cresce mais a febre da transformação, da rapidez das comunicações, e a rapidez das construções. Tudo isto nos mostra que em arquitectura caminhamos para uma arte rígida ligeira móvel... Teremos por isso ruas casas móveis». A temporalização do espaço, sexta invariante, constitui o terreno sobre o qual o futurismo podia incidir em profundidade. Boccioni, nas suas esculturas, tinha assinalado o caminho: era preciso dinamizar, isto é, temporalizar a operação cubista. Os expressionistas não podiam fazê-lo porque prescindiam disso. Este era o papel, o desafio dos futuristas na frente das vanguardas: o movimento, o dinamismo plástico, não era a sua mensagem específica? Ligando-o ao cubismo, podia-se encarná-lo.

7. «Dissemos que em pintura colocaremos o espectador no centro do quadro ou seja fazendo dele o centro da emoção em vez de simples espectador. Também o ambiente arquitectónico das cidades se transforma em sentido envolvente. Nós vivemos numa espiral de forças arquitectónicas. Até ontem a construção desenvolvia-se em sentido panorâmico sucessivo. A uma casa sucedia-se uma casa, a uma rua outra rua. Hoje começamos a ter à nossa volta um ambiente arquitectónico que se desenvolve em todos os sentidos: dos subterrâneos lumi-

nosos dos grandes armazéns dos diversos níveis de túneis das ferrovias metropolitanas à subida gigantesca dos arranha-nuvens americanos... O futuro prepara-nos um céu sem limites de estruturas arquitectónicas». Eis a sétima invariante, a reintegração edifício-cidade-território. O génio de Boccioni previu-a, mas o pântano de Itália encalhou durante sessenta anos a sua profecia. Agora, finalmente, escapou do arquivo empoeirado e troa; que peso terá na acção dos arquitectos?

CLASSICISMO, JACOBINOS E NAZI-FASCISTAS

Se os acontecimentos arquitectónicos, e artísticos em geral, não só registam como prenunciam o clima civil, temos de nos preocupar seriamente com os efeitos que poderá ter a onda de restauros a que estamos assistindo. Mais ainda em Itália, onde as capacidades de recuperação são enormes quando se trata de refluxos académicos, mas fraquíssimas e quase inexistentes no sentido inverso. Nos Estados Unidos, na Grã-Bretanha e em França, o *Post-Modernism* e a «tendência» neoclassicista de vagos tons metafísicos já são considerados fenómenos previstos, substancialmente abortados, em relação aos quais se deve manter as distâncias. Entre nós, pelo contrário, representam graves perigos, na medida em que reacendem doenças atávicas, congénitas, opostas e complementares: o mito da antiguidade greco-romana, de um lado; o *strapaese* vernáculo, medievalista ou barroquista, do outro; e, no meio, as inúmeras combinações dessas duas pragas.

O estudo de Luciano Canfora, *Ideologias do Classicismo*, repercorre as vicissitudes da cultura clássica desde os jacobinos até ao Terceiro *Reich*, sublinhando com eficácia como a reacção se pode desenvolver da esquerda e da direita, produzindo as mesmas consequências nocivas.

«Falando aos revolucionários do *Observatoire*, no dia 1 de Dezembro de '92, Jacques Roux, líder dos *enragés*, faz muitas vezes referência aos romanos, "nosso modelo em questão de revoluções"... Importa-me esclarecer como esta oposição "de esquerda" ao governo de Robespierre partilhava as suas formas ideológicas, de proveniência classicista, sobretudo "romana"... Pierre Vidal-Naquet, que estudou "a identificação da revolução francesa com o mundo greco-romano", fala de "vazio" no pensamento histórico dos revolucionários, que lhes permitia ligarem-se "em directo" com os republicanos antigos, saltando séculos e séculos». Daqui, «a imagem, completamente equivocatória, de Esparta "verdadeira democracia"». O autor cita uma opinião de Fustel de Coulanges: «A ideia que fizemos da Grécia e de Roma tem muitas vezes perturbado as nossas gerações: por se ter observado mal as instituições da cidade antiga, imaginou-se que era possível fazê-la reviver no nosso tempo. Só nos iludimos acerca da liberdade dos antigos, e por isso o único resultado foi que a liberdade dos modernos foi posta em perigo». Responsável por este equívoco, acrescenta de Coulanges, é o classicismo típico de «um sistema educativo que nos faz viver desde a infância no meio dos Gregos e dos Romanos, e nos habitua a compará-los constantemente connosco».

Ninguém tenciona retomar as teses da elite bolchevique nos primeiros anos vinte, ou de Leão Trotsky, que definia «os estudos clássicos como um "instrumento de tortura" propedêutico para assimilação da ideologia czarista». Também em arquitectura, a historiografia do mundo helénico e romano deu passos de gigante nos últimos decénios, a ponto de fazer parecer a tradição *Beaux-Arts* do classicismo antigo falsa e distorcida, quer na importância dos monumentos, quer nas regras arbitrárias das ordens, deles pretensamente derivadas. Mas a tendência académica, desde os jacobinos até ao Terceiro *Reich* e para além deste, até hoje, brilha devido à sua inconsciente ignorância: não investiga minimamente os textos arquitectónicos gregos e romanos, e por isso não imagina a sua riqueza anticlássica; e fica presa às interpretações *Beaux-Arts*, apesar de estarem há muito tempo desmentidas.

A relação entre fascismo e classicismo é bem conhecida. Canfora aceita a tese de que existem muitos fascismos: desde o «de direita», clerical e monárquico, ao «liberal-conservador» e ao «de esquerda», particularmente ligado a Bottai. Mas contesta a opinião segundo a qual o regime mussoliniano teria aderido ao classicismo somente num período relativamente tardio. O mito de Roma reflecte-se desde o início da ditadura, embora seja atenuato pela presença dos futuristas. A «corporação dos classicistas italianos» exulta com o seu envolvimento com o regime. «Compreende-se: a cultura clássica tem sofrido sempre, no mundo contemporâneo, o complexo da "superação", a consciência de se sentir superada pelo mundo circundante (da técnica, da ciência, etc.), e de um modo geral tem sido atormentada pelo problema de explicar aos outros a sua "necessidade", o seu papel. Será inútil dizer que estímulo para o envolvimento no novo regime representou, para a cultura clássica italiana, o facto de se sentir, desde o início, necessária e "hegemónica" (ainda que dentro dos limites propagandísticos do regime). Este é um dado que não deve ser subestimado quando se observa o alinhamento compacto do classicismo italiano ao lado do fascismo». Sem contar que esse classicismo era o mais propenso «a uma ligação não efémera com o reaccionarismo católico. O que se compreende perfeitamente se tivermos em conta que a Igreja Católica tinha assumido historicamente, séculos atrás (e mais do que nunca em oposição ao "mundo moderno"), o papel de tutora, conservadora, divulgadora da "romanidade"».

O facto mais importante em que se deve meditar não se refere, no entanto, ao classicismo da escola piacentiniana, giovannoniana ou muziana. Também a era de «Novecentos» está impregnada de classicismo, e nele se incluem por vezes até mesmo Terragni e Pagano, apesar dos seus esforços para se desligarem da retórica oficial. Os racionalistas italianos referem-se frequentemente, embora por motivos tácticos, ao «espírito clássico», ao «equilíbrio clássico», à ordem e ao rigor do mundo greco-romano. Fazem-no com medida e perspicácia, com uma elegância que denuncia intrinsecamente a presunção vulgar dos académicos. Mas quantos edifícios dos racionalistas italianos não são simétricos, e portanto bloqueados, estáticos, desprovidos daquelas fluências espaciais que nascem da decisão de privilegiar, *a priori*, as funções e os conteúdos sociais em relação à forma? Se a «tendência» neo-académica se disfarça hoje de «racionalidade», o logro é evidente, mas tem por base uma doença que atingiu também muitos racionalistas.

Para o nazismo, bastam duas citações. Uma é retirada do *Mein Kampf*, de Hitler: «A história romana, entendida nas suas grandes linhas, é e continuará a ser o melhor guia, não só para o momento presente como para qualquer outra época. Também o ideal helénico a esse fim se deve destinar, na sua beleza exemplar. É preciso que, por causa das suas diferenças específicas, não se perca a noção da comunidade de raça entre aqueles dois povos. A luta que hoje se aproxima tem uma aposta altíssima em jogo: uma civilização combate pela sua existência, uma civilização que sintetiza em si milénios...» (como quem diz: encerre-se a Bauhaus). A outra é do arqueólogo Gerhart Rodenwaldt e refere-se precisamente à arquitectura do Terceiro *Reich*: «Os edifícios do presente assemelham-se, na sua composição, planimetria e concepção do espaço, às concepções da arquitectura de Estado romanas... Nós assemelhamo-nos aos Romanos também nisto: que uma vez mais nos confrontamos com as formas fundamentais da arquitectura europeia, criada pelos Gregos com os templos dos seus deuses».

Vamos ver o balanço que Canfora faz no final do seu itinerário: «Os conceitos-base que se retiram dos próprios conteúdos da cultura (aquela a que se chama ainda pomposamente "a lição de vida que se extrai dos clássicos" e que constitui uma parte tão considerável do "senso comum") são conceitos assumidos a pouco e pouco pelas ideologias da conservação e fazem organicamente parte delas»; «o *ethos* derivado dos clássicos torna-se o *ethos* das classes dirigentes e a moral, não-popular. "Espírito clássico" enquanto paradigma é a forma suprema de limitação do discurso, de rejeição preventiva da palavra alheia; a ideia de um discurso feito de uma vez por todas, e que fornece a todos os outros discursos não só as formas mas também os conteúdos. No fundo há, evidentemente, a inclinação para entender como válidas em absoluto "determinadas" formas de pensamento, poéticas, etc. E como novos pensamentos exigem novas "palavras" – sabia-o, como um verdadeiro "moderno", Maquiavel ("cada vez que vêm para uma cidade novas doutrinas ou novas artes, é necessário que venham também novos vocábulos") – nasce a intolerância do "culto", sobretudo do classicista, em relação às "gírias", que sem dúvida, principalmente em *statu nascenti*, são, por vezes, duras e informes».

Uma confirmação daquilo que o modernismo afirmou, embora muitas vezes de maneira não explícita: o classicismo é a linguagem rígida do poder repressivo das liberdades individuais e comunitárias, encarna as posições antidemocráticas de direita e de esquerda, as dos jacobinos, de Hitler, de Mussolini, de Estaline, e em geral de todos os totalitarismos, qualquer que seja a cor, negra ou vermelha, das suas bandeiras. Parece perfeitamente inconcebível que possa ser reproposto por pessoas, grupos, escolas, partidos considerados progressistas. Declarar-se socialista, comunista, democrático e, ao mesmo tempo, classicista é uma contradição em termos, um sinal de cisão perversa. Seja como for, para os arquitectos e os críticos de arquitectura, depois das experiências que vão da Revolução Francesa até hoje, os equívocos são inadmissíveis: o neo-academismo, grosseiro ou elegante, intelectualizado ou movido por regurgitações instintivas, irónico ou pseudo-iluminista, é instrumento de restauração e/ou de niilismo cínico.

MOISÉS E AARÃO

História antiquíssima, de todas as épocas e de toda a gente, à qual a dodecafonia schönberguiana imprimiu uma actualidade aguda até ao espasmo. «Faz-te entender pelo povo; fala-lhe de maneira apropriada», incita Aarão; e Moisés, intransigente, contrapõe: «Deverei falsear a ideia?»

Recusa da realidade contingente, como escreve Boris Porena, em Moisés possuído pela ideia de um Deus «cuja definição está na sua indefinibilidade» e cujos atributos de «único, eterno, omnipresente, invisível, irrepresentável» são «escassos se não completamente desprovidos de poder informativo», uma vez que a ideia excede qualquer codificação linguística. Eloquência e adequação em Aarão, convencido de que «privada da palavra, a ideia permanece incomunicável»; coadjutor de Moisés na tarefa de unificar com Deus não o indivíduo mas um povo inteiro, morre quando reconhece que «privada da ideia, a palavra perde o direito à vida», distorce-se na idolatria do vitelo de ouro.

Em resumo, Aarão é um maneirista, liga-se ao código vigente mas tentando forçá-lo a comunicar uma mensagem inédita; Moisés é o génio criativo que nega o código, que o anula correndo o risco da incompreensão, mas não se rende. Aarão acredita que uma ideia dissonante como a revolução monoteísta pode inserir-se num contexto harmónico de consonâncias, na velha língua dos milagres, talvez como uma excepção à regra; Moisés sabe que uma tal operação persuasiva é ilusória, e que é preciso formalizar uma linguagem estruturalmente dissonante.

Schönberg personifica o drama, de um ponto de vista humano e artístico: descido da montanha «com as tábuas da lei dodecafónica» depois do longo retiro dedicado à pesquisa, é incapaz de torná-la popular; não consegue compor o terceiro acto pelas mesmas razões que impedem Moisés de cantar como Aarão e o obrigam ao «*Sprechgesang*», dicção martelante e obsessiva. A inexprimibilidade da ideia traduz-se assim num trabalho linguístico obstinado, historicamente ligado à revoltante bestialidade nazista: «perante uma sociedade em que todos os valores morais tinham entrado em crise» – comenta Fedele d'Amico – «e todos os códigos se estavam a transformar em mentiras, a resposta do expressionismo musical foi esta: declarar todos os elementos da linguagem irremediavelmente comprometidos naquela mentira, e, por isso, única atitude moral a rejeição da "palavra" e o consequente refúgio numa tensão permanente em relação ao inexprimível». É esse o segredo graças ao qual, acrescenta Massimo Mila, «Schönberg, esse músico tantas vezes acusado de cerebralismo e frequentemente descrito como um grande teórico desprovido de inspiração, venceu o desafio no campo da música, do seu poder expressivo e da sua virtude poética». De que modo venceu? Em três tempos: primeiro, desestruturando, celebrando a atonalidade, o caos expressionista; depois, com a descoberta fundamental da capacidade comunicativa e emotiva das dissonâncias, nascida da dodecafonia; finalmente, indicando o caminho pós-dodecafónico que será percorrido pela música aleatória, marcada pelo evento e pelo acaso, pelo fortuito dos encontros e dos desencontros, em suma, pelos rangidos e pelos *silences* provocatórios de John Cage.

Desmentir o dogma da oitava equivale a derrubar os fetiches do classicismo. Era necessário ter a coragem de resistir contra o rancor dos conservadores e dos poderes oficiais, pagando pessoalmente, com um isolamento à escala do de Moisés. Mas o que foi que aconteceu no curso de poucos decénios? A linguagem musical moderna, anticlássica, conquistou um público que a escravidão da tónica, da oitava e da consonância nunca permitira que se alcançasse: a vanguarda intelectual e as massas de analfabetos, o auditório culto das metrópoles ocidentais e as pessoas mais humildes dos países africanos e asiáticos. Na via pós-dodecafónica escancarada por Schönberg pode andar-se em carro de luxo ou de motociclo, a pé e até descalço, cada qual à sua maneira, com a identidade de cada um reforçada pela comunhão e pela participação dos outros.

Não é isso que pretendemos também em arquitectura? Espaços de encontro não compulsivos, flexíveis ou até mesmo imprevistos, configurados pelos próprios utentes, arquitecturas com ou sem edifícios mas, seja como for, hostis ao encaixotamento das funções, aos tabus da simetria, do equilíbrio, da perspectiva, daquela periodização convencionada em que H.D. Thoreau ouvia «um marchar de soldados». Naturalmente, Cage pressupõe Schönberg, a música do acaso é inconcebível sem o filtro rigoroso da dissonância. Assim, a arquitectura democrática, «sem arquitectos», produto de um diálogo comunitário, é um objectivo só alcançável na condição de nos libertarmos da idolatria classicista, assimilando a linguagem da anulação, das dissonâncias, da decomposição e reintegração, do aleatório contaminado pelo *kitsch* urbano.

Moisés e Aarão. A inconciliabilidade entre «ideia» e «palavra», ou entre «coerência» e «vida», manifesta-se, em arquitectura, de forma embrulhada, por três motivos – ninguém parece aperceber-se deles, e menos que nunca os arquitectos, atarefados e distraídos; o conflito entre «princípios» e «humanidade», e entre exigência de rigor linguístico e necessidade de comunicar assume aspectos esclerosantes; – além disso, a vanguarda oscila continuamente entre uma margem e a margem oposta.

No ensaio *Towards a Theory*, Donald Smith cita Collingwood: «a arte é o antídoto da paralisia da consciência»; numa situação em que em cada três milhões de seres vivos, um milhão tem fome, o segundo vegeta na indigência, e o outro 1 000 000 esbanja os excedentes dos recursos, amontoando explosivos para destruir o mundo, «o dever da arte e da arquitectura é despertar da letargia que torna este estado de coisas suportável. O poder da arquitectura deve ser utilizado para nos dar consciência da nossa própria realidade». Propósito sedutor, mas ambíguo quando se passa às decisões concretas.

Smith faz distinção entre formas arquitectónicas «exageradas e histéricas» (*fantasies*) que fomentam a actual crise, e formas que exercem, em relação à crise, uma função «correctiva». Entre as primeiras, enumera os trabalhos de Niemeyer e Candela, a capela de Ronchamp, a Ópera de Sydney, o Congress Hall berlinense de Stubbins, o terminal aéreo de Eero Saarinen em Idlewild; entre as segundas, as escolas de Hertfordshire e o bairro de Roehampton em Londres. Portanto, por um lado, com sinal negativo, edifícios que tentam novas sondagens linguísticas; por outro, em positivo, alguns textos do neo-racionalismo britânico. Como se justifica uma tal opção? Pode lá acreditar-se que, insistindo nas poéticas de 1920-30, se possa «corrigir» a sociedade actual? Se o seu «poder» fosse de tal modo devastador que nos pudesse libertar da anulação nuclear, por que é que não nos teria salvo do nazismo, dos campos de extermínio, da guerra?

A Ópera, de Utzon, e o terminal da TWA, de Saarinen, não constituem com certeza «antídotos para a paralisia da consciência», mas pelo menos reflectem o contexto inseguro em que vivemos, as suas perturbações e terrores; Ronchamp grita-o e protesta. Quanto a Niemeyer e Candela, talvez tenham a versatilidade de Aarão; e, sem dúvida, Yamasaki, Stone e Johnson, e de um modo geral os neo-historiadores, induzem-no a venerar o vitelo de ouro classicista. No entanto, as escolas de Hertfordshire e o núcleo de Roehampton são obras maneiristas e, embora com bastante valor, retrodatadas. É preciso não esquecer que o gesto subversivo de Ronchamp foi impulsionado pela intuição dos limites *Beaux-Arts* do purismo. A dodecafonia schönberguiana encontra o seu paralelo arquitectónico no racionalismo, mas este último afasta-se dela devido a duas graves lacunas: não foi alimentado por um capítulo expressionista precedente, e não passou por um processo de codificação capaz de evitar refluxos neoclássicos. Sem o alimento e a verificação sistemática do elenco, a dissonância arquitectónica sempre correu o perigo de se converter no seu oposto, no torpor *Beaux-Arts* das consciências.

Eis o dualismo ideia-palavra, hoje, em arquitectura. Muitos valores do funcionalismo 1920-30 foram dilapidados, principalmente a vocação urbanística e o empenho numa produção de massa; perante eles, algumas acrobacias de Niemeyer, Stubbins, Saarinen e das gerações mais jovens parecem ser fruto de meras idiossincrasias. Mas as poéticas racionalistas não podem ser ressuscitadas a frio porque, para corrigir a realidade actual é preciso, antes de mais, conhecê-la, mergulhando nela. Uma «teoria» da arquitectura capaz de arranhar e de cortar não pode ser uma teoria velha; deve brotar das angústias da nossa sociedade, tomar o peso das suas contradições e depois dar o salto «correcto», formalizando-se num código aberto, científico, anticlássico. De outro modo, não será correctiva, mas sim consolatória e fugaz.

Não menos ardentemente do que Smith, auguramos a difusão de uma «teoria» linguística historicizada e articulável, que recupere o funcionalismo, que o fortaleça através da imensa experiência do génio de Wright, e solidifique as pesquisas sucessivas, do neo-expressionismo à *action-architecture*, do urbanismo-*pop* às montagens aleatórias de Johansen. Mas devemos ancorá-la nos factos, nos comportamentos, nas realidades da vida.

Enquanto os fenómenos arquitectónicos não formalizarem uma «teoria» válida, preferiremos a *reportage*, o registo do acontecimento quotidiano, à fuga para soluções talvez lógicas mas abstractas. A arquitectura é diferente da religião; de resto, a moisaica é antidogmática, tanto que ao longo de milénios se tem submetido a uma feroz autoverificação laica. Não se trata de escolher entre «ideia» e «palavra»: hoje falta a linguagem porque se extinguiu a ideia. O problema requer a atenção dos arquitectos, mais como homens, do que como profissionais. Aliás, se Aarão morreu porque a sua palavra tinha traído a ideia, pelo erro inverso, por ter renunciado à linguagem, Moisés não entrou na terra prometida.

NOTA BIBLIOGRÁFICA

A LINGUAGEM MODERNA DA ARQUITECTURA

Os principais contributos para o estudo da linguagem arquitectónica são comentados em *Saper vedere l'architettura*, Turim, Einaudi, 1993; uma bibliografia geral sobre a arquitectura, do séc. V a. C. até 1970, está inserida em *Architectura in Nuce*, Firenze, Sansoni, 1994 (Edição portuguesa *Architectura in Nuce: Uma Definição de Arquitectura*, Lisboa, Edições 70). No que se refere à arquitectura sobre a cidade: *Saper vedere l'urbanistica – Ferrara di Biaggio Rossetti, la prima città moderna europea*, Turim, Einaudi, 1977. Para a documentação das obras modernas: *Spazî dell'architettura moderna*, Turim, Einaudi, 1983.

Os «argumentos» da Introdução retomam temas explorados em vários ensaios publicados na revista «L'architettura – cronacha e storia»: *Il seminario di Cranbrook sull'insegnamento architettonico*, nº 107, Setembro 1964, e *Una critica interna alla dinamica progettuale*, nº 190, Agosto 1971; *John Summerson e una teoria per l'architettura moderna*, nº 25, Novembro 1967; *Alla ricerca di um «codice» per l'architettura*, nº 145, Novembro 1967; *Verso una semiologia architettonica*, nº 147, Janeiro 1968; *La «riduzione» culturale in architettura*, nº 198, Abril 1972; *Povertà della filologia architettonica*, nº 146, Dezembro 1967; *Un istituto di critica operativa dell'architettura*, nº 183, Janeiro 1971, e *Invito alla ricerca linguistica*, nº 199, Maio 1972. O Capítulo I baseia-se nos editoriais: *L'elenco come metodo di progettazione*, nº128, Junho 1966; *Tuttora caparbia la mentalità Beaux-Arts*, nº 134, Dezembro 1966; *Possemica e dimensione extra-disciplinare*, nº 158, Dezembro 1968; *La poetica dell'«opera aperta» in architettura*, nº 84, Outubro 1962; *Per un'architettura senza edifici*, nº 175, Maio 1970. O Capítulo II, nos editoriais: *Simmetria e passivizzazione*, nº 172, Fevereiro de 1970; *Un'estetica dell'asimmetrico*, nº 193, Novembro 1971; *I sistemi proporzionali sconfiti a Londra*, nº 26, Dezembro 1957; *Pour l'Italie: l'architettura come fattore di sprovincializzazione*, nº 42, Abril 1959, e *Lo «specifico» dell'architettura italiana*, nº 188, Junho 1971; *La sintomatologia architettonica della paura*, nº 123, Janeiro 1966; *Libertà dalla «pianta libera»*, nº 174, Abril 1970; *Le forme libere hanno un significato?*, nº 101, Março 1964; e o relatório *In difesa dell'architettura moderna* desenvolvido no convénio «Gli architetti moderni e l'incontro tra antico e nuovo», Veneza, 1965. O Capítulo III, nos editoriais: *Visione prospettica e spazio-temporalità nell'architettura moderna*, n° 11, Setembro de 1956; *Bomba mendelsohniana: perché la quarta, se sprecate la terza?*, n° 187, Maio 1971. O Capítulo IV: *L'aspirazione delusa ad una moderna sintassi architettonica*, n° 38, Dezembro 1958; *Attraverso, ma oltre »De Stijl»*, n° 83, Setembro 1962. O Capítulo V, nos editoriais: *Due alibi polivalenti: tecnologismo e strutturalismo*, n° 44, Junho 1959; *L'umanesimo anticlassicisto dell'architettura moderna*, n° 114, Abril 1965; *Tensione razionale e affetività umorale*, n° 148, Fevereiro 1968. O Capítulo VI, nos editoriais: *Il vaticinio del Riegl e la Casa sulla cascata*, n° 82, Agosto 1962; *Un'architettura per l'età elettronica*, n° 130, Agosto 1966; *Tre spazî per l'architettura?*, n° 165, Julho 1969. Para os Capítulos VII e VIII, os editoriais: *Progetto n° 92: morro «città e lingua»*, n° 202, Agosto 1972, e *L'«urbatettura» di Jan Lubicz-Nycz*, n° 121, Novembro 1965; *Architettura e pop-art*, n° 111, Janeiro 1965: o relatório *Architettura popolare come architettura moderna* desenvolvido no convénio «Arte popolare contemporanea», Rimini 1966, publicado no volume *Arte popolare moderna*, Bolonha, Cappelli, 1968, e o editorial *Cultura subalterna e architettura.*, n° 305, março 1981; o editorial *Architettura e comunicazione*, n° 122, Dezembro 1965. Para o último «argumento», relativo à conclusão, os editoriais: *Procedimenti indutivvi e scientificità inventiva*, n° 286-287, Agosto- Setembro 1979; *La profezia di Umberto Boccioni*, n° 222, Abril 1974; *Classicismo, giacobini e nazi.fascisti*, n° 297, Julho 1980; *Post-industriale = Organico*, n° 302, Dezembro 1980, e *Teoria democratica e forma urbana*, n° 321, Julho 1982; *Moses und Aaron*, n° 125, Março 1966.

As anotações (Cap. IX) que encerram a primeira parte do ensaio apareceram na revista *Op. Cit.*, n° 30, Maio de 1974.

Para uma aplicação das sete invariantes à poética de Wright, veja-se o ensaio *A language after Wright* no volume *In the Cause of Architecture – Frank Lloyd Wright* org. por F. Gutheim, Nova Iorque, An Architectural Record Book, 1975. Além deste, o relatório desenvolvido durante o congresso do bicentenário dos Estados Unidos, Smithsonian Institution, Washington, D.C., 1976, publicada no livro *For Better or Worse – The American Influence in the World*, org. por A.F. Davies, Westport, Conne Londres, Greenwood Press, 1981 e, em italiano, no volume *Pretesti di critica architettonica*, Einaudi, Turim, 1983.

Para outras aplicações das sete invariantes (relativas a Filocle, Brunelleschi, Le Corbusier, Aalto, etc): *Editoriali di achitettura*, Turim, Einaudi, 1979, sobretudo para as duas primeiras partes, *Architetti e linguaggio, Critici e linguistica*.

Acerca do debate sobre linguagem moderna, veja-se o ensaio de G.K. Koenig, *Analisi strutturale delle sette invarianti zeviane*, Florença, Lef, 1976. E a rubrica linguística de «L'architettura», n°s 223-237, 240, 241, 245, 247, 248, 252, 254, 256, Maio 1974-Fevereiro 1977. Além deste, o verbete *Architettura* da Enciclopedia Italiana, IV apêndice, 1979 e o livro de A. Oppenheimer Dean, *Bruno Zevi on Modern Architecture*, Nova Iorque, Rizzoli International, 1983.

ÍNDICE

I Parte

Introdução – Falar Arquitectura	11
1. O Elenco como Metodologia do Projectar	15
2. Assimetria e Dissonâncias	21
3. Tridimensionalidade Antiperspéctica	29
4. Sintaxe da Decomposição Quadridimensional	37
5. Estruturas em Saliência, Concavidades e Membranas	43
6. Temporalidade do Espaço	51
7. Reintegração Edifício-Cidade-Território	57
8. Arquitectura Não-Acabada e *Kitsch*	65
9. Anotações	69

II Parte

10. Argumentos sobre a Linguagem da Arquitectura	85
A História como Metodologia Operativa	85
Em Direcção a uma Semiologia	102
Pobreza da Filosofia da Recuperação	105
Elenco ou Sistema	108
Prossémica e Dimensão Extra-Disciplinar	112
Poética da «Obra Aberta»	115
Para uma Arquitectura sem Edifícios	118
Simetria e Passivação	119
Uma Estética do Assimétrico	122
Sintomatologia Geométrica do Medo	126
A Liberdade da «Planta Livre»	131
Significado das Formas Livres	134
Contra Todas as Teorias da Ambientação	136
Mendelsohniana: Porquê a Quarta, se Desperdiçam a Terceira?	140
O Humanismo Anticlassicista	142
O Vaticínio de Riegl e Fallingwater	146
Cidade, Língua e «Urbatectura»	148
Urbanismo e *Pop-Art*	*152*
Arquitectura e Comunicação	154
Métodos Indutivos e Carácter Científico Inventivo	157
A Profecia de Umberto Boccioni	160
Classicismo, Jacobinos e Nazi-Fascistas	164
Moisés e Aarão	167

Impressão Papelmunde
Paginação e acabamento Inforsete
para
EDIÇÕES 70, Lda.
Novembro 2002